Thematischer Oberstufenwortschatz Spanisch
Abi-Wortschatztrainer

Palabras en contexto

Thematischer Oberstufenwortschatz Spanisch

Abi-Wortschatztrainer

Palabras en contexto

von
Cristina Collado Revestido
Blanca Linzoain Acedo
María Victoria Rojas Riether

Ernst Klett Sprachen
Stuttgart

1. Auflage 1 5 4 3 2 1 | 2019 18 17 16 15

www.klett-sprachen.de

Autorinnen: Cristina Collado Revestido, Blanca Linzoain Acedo, María Victoria Rojas Riether

Redaktion: Simone Roth
Layoutkonzeption: Elmar Feuerbach, Sandra Vrabec
Gestaltung und Satz: bostext, Friolzheim
Umschlaggestaltung: Elmar Feuerbach, Sandra Vrabec
Druck und Bindung: CEWE Stiftung & Co. KGaA, Germering
Printed in Germany

ISBN 978-3-12-513354-9

9 783125 133549

Vorwort und Inhaltsverzeichnis

Dieser ***Abi-Wortschatztrainer*** bietet dir Übungsmaterial passend zur 2. aktualisierten und erweiterten Ausgabe des **thematischen Oberstufenwortschatzes Spanisch *Palabras en contexto***. Die Arbeit mit *Palabras en contexto* begleitet dich während der gesamten Oberstufe und ermöglicht dir die **Vorbereitung auf alle Abi-Themen**.

Der Wortschatz in *Palabras en contexto* ist so gestaltet, dass du den Gebrauch der Lernwörter im Zusammenhang siehst und lernen kannst, **wie das Vokabular angewandt wird**.

Alle **Texte** werden als **kostenlose Hördokumente** angeboten, um zu Hause oder unterwegs den Wortschatz im Zusammenhang anhören zu können und das Vokabellernen sinnvoll mit **Hörverstehenstraining** zu kombinieren. Die Hörtexte sind als mp3-Downloads über www.klett-sprachen.de erhältlich oder per Smartphone über einen Barcodescan abrufbar. Links und Barcodes befinden sich neben den Texten.

Zur Arbeit mit dem Abi-Wortschatztrainer

Die Aufgaben im *Abi-Wortschatztrainer* sollen deine Wortschatzarbeit und das Vokabellernen unterstützen. Jede Übung verweist auf die entsprechenden Seiten in *Palabras en contexto* (📖). Die Übungen sind vielfältig und abwechslungsreich. **Du kannst deine Lösungen selber kontrollieren**, indem du sie mit den online erhältlichen Musterlösungen vergleichst. Gib den Online-Code **xi37ff** auf www.klett-sprachen.de ein und lade dir die Lösungen zur Selbstkontrolle herunter.

Die Übungen sind den 13 Themen in *Palabras en contexto* zugeordnet, du findest sie auf folgenden Seiten:

1 España: datos útiles 6
2 Latinoamérica hoy en día 14
3 España y Latinoamérica en el pasado 22
4 La diversidad política en Hispanoamérica 30
5 Política en España 38
6 La economía 46
7 El mundo hispanohablante 54
8 Los movimientos migratorios 64
9 Facetas de la sociedad 72
10 La ecología 80
11 Los medios de comunicación 88
12 La vida cultural 96
13 La educación 104
Lösungen .... Online-Code xi37ff

Folgende Aufgabentypen findest du im Abi-Wortschatztrainer:

- **spielerische Übungsformen** wie z. B. Kreuzworträtsel, Wortgitter, Suchaufgaben, etc.;
- **Übungsformen auf der Wortebene** wie z. B. Wortbildungsübungen, Lückentexte, Synonym-/Antonym-Übungen, Zuordnung von Wortfamilien, Assoziationsübungen etc.;
- **Übungsformen auf der Kontextebene** wie z. B. Hörverstehensübungen, Multiple Choice-Aufgaben, *correcto/falso*-Übungen, Sprachmittlungsaufträge, etc.;
- **produktive Anwendungsübungen** wie z. B. schriftliche Versprachlichungen, Redeanlässe für den Unterricht, thematische Bildimpulse, Informationsvermittlung, etc.

Die Übungen sind in drei verschiedene Phasen unterteilt: *Preparar* = vorbereiten, *Repasar* = wiederholen, üben, festigen und *Profundizar* = Wortschatz erweitern.

I. Preparar

1. Todo sobre España (📖 pp. 12–23)

Pon las palabras en el grupo temático correspondiente. Son ocho palabras por grupo.

la nubosidad
el rascacielos
la cordillera
la fachada

la gente (📖 pp. 16–17)

la geografía (📖 pp. 12–15)

la hora punta
la zona clímatica
la carretera
la panadería
caluroso, calurosa
la precipitación
la población
la península
seco, seca

el clíma (📖 pp. 14–15)

el atasco
el sudoeste
la capital
lluvioso, lluviosa
la tasa de nacimiento
templado, templada

el transporte (📖 pp. 18–23)

la ciudad (📖 pp. 18–23)

el tren
la costa
circular
la natalidad
la estación
el edificio
la nieve
el río
el éxodo rural
la cervecería
el cine
despoblado, despoblada
el relieve
el coche propio
la montaña
el núcleo urbano
el, la inmigrante
la velocidad
la metrópoli
repoblar
el acantilado

ISBN 978-3-12-513354-9.

II. Repasar

2. Palabras nuevas, pero conocidas (📖 pp. 12–15)

Las palabras de la columna izquierda son parte del vocabulario de la situación geográfica. Seguro que ya las conoces. ¿Pero de dónde? Marca con una cruz de qué lengua las conoces y escribe en la columna derecha lo que significan (...was sie bedeuten).

palabras	del alemán	del inglés	del francés	de otra lengua	significado en alemán
el continente					
la superficie					
el área					
la playa					
el litoral					
el monumento					
el archipiélago					
extenso, extensa					
la costa					
el fiordo					
la distancia					
la península					

3. Definiciones (📖 pp. 18–23)

Encuentra la palabra adecuada para cada definición del subcapítulo Metrópolis españolas.

1. ______	El exterior de un edificio o casa.
2. ______	Ofrecer algo a alguien voluntariamente.
3. ______	Ir de un lugar a otro.
4. ______	Construcción fija para vivir o trabajar.
5. ______	Dar fin a algo, terminar.
6. ______	Lugar donde se fabrica o se vende y se toma cerveza.
7. ______	Edificio muy alto y con muchos pisos.
8. ______	Pasarlo bien, gozar con algo o con alguien.
9. ______	Lugar donde se paga el derecho a pasar por o a usar una carretera.
10. ______	Parte exterior que rodea una ciudad o pueblo.
11. ______	Lugar donde se venden o compran los billetes de teatro, cine, ferrocarril, etc.
12. ______	Manantial, aparato u obra de arquitectura que hace salir el agua en jardines y casas, calles o plazas, para diferentes usos.

ISBN 978-3-12-513354-9.

4. Crucigrama (📖 pp. 12–15)

Escribe en el crucigrama la palabra para cada dibujo de la geografía y el clima. Los números en blanco te ayudarán a descubrir la palabra clave.

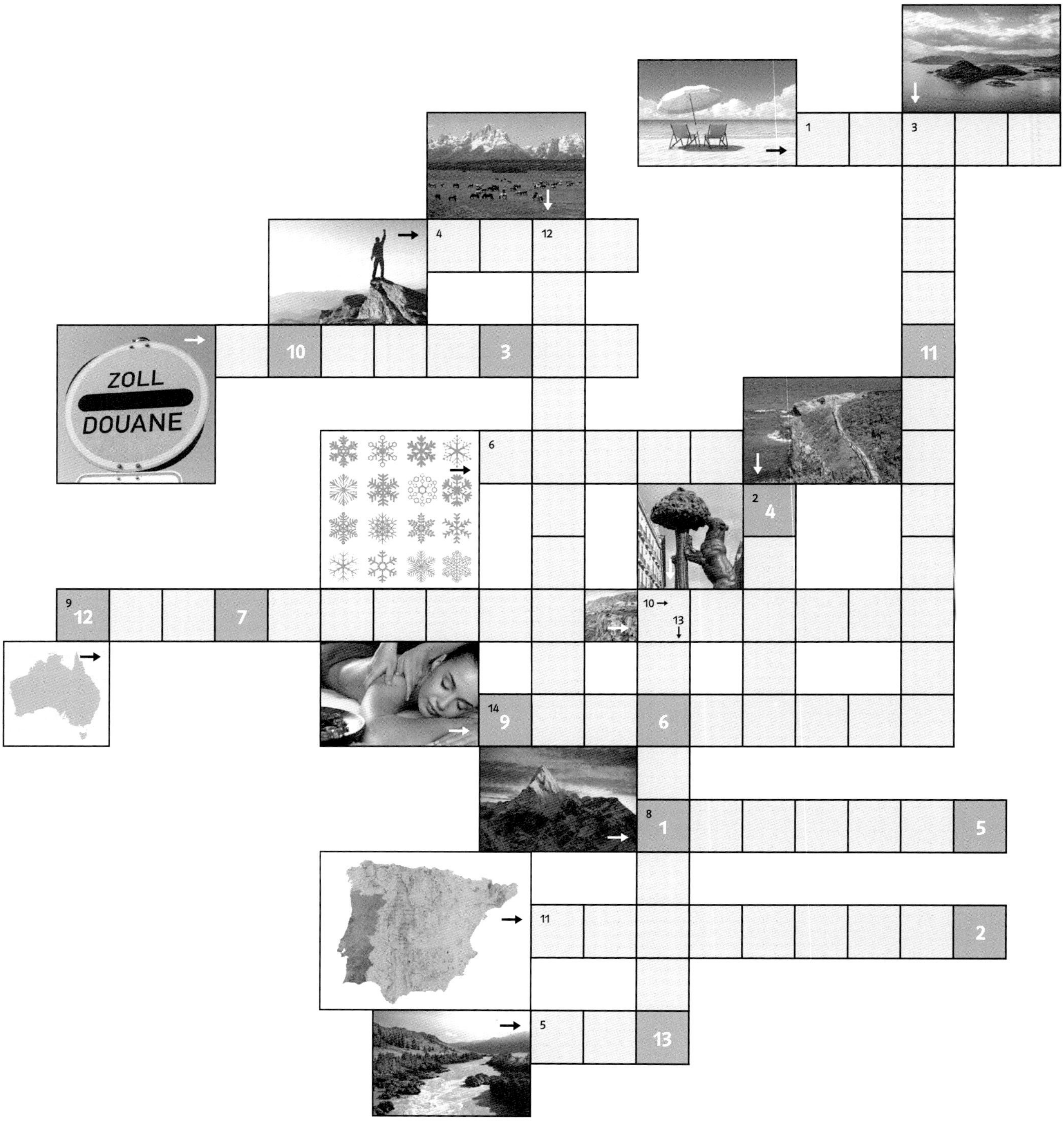

La palabra clave es:

1	2	3

4	5	6	7	8	9	10	11	12	13

ISBN 978-3-12-513354-9.

5. Une con una línea lo que va junto (📖 pp. 12–23)

a Escribe el artículo de las palabras de la izquierda y únelas con las de la derecha completando el género y el número para que tengan sentido.

____ aspecto	anual____
____ construcción	principal____
____ bono	modernist____
____ juegos	físic____
____ transporte	ibéric____
____ hora	centígrad____
____ vía	geográfic____
____ comunidad	punt____
____ grado	olímpic____
____ accidente	autónom____
____ península	urban____

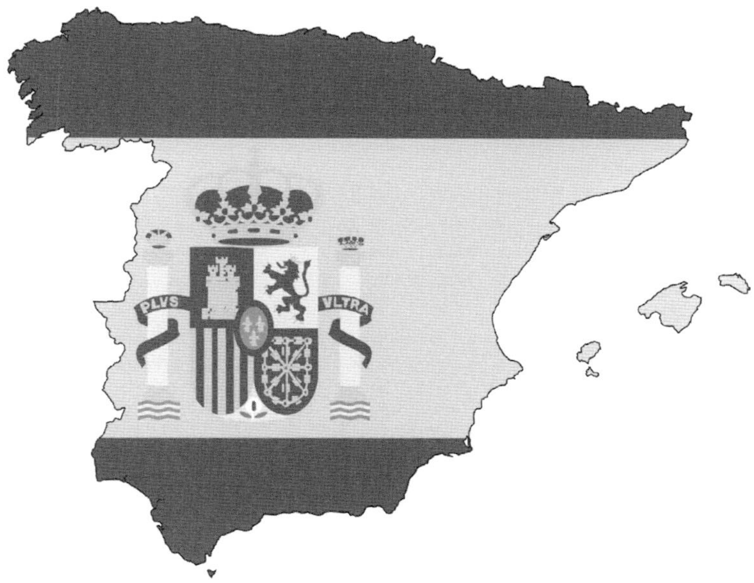

Un mapa de España

b. Completa las frases con las palabras del ejercicio a. Cuidado: a veces tienes que escribir el plural.

1. Todos los autobuses, metros y todos los medios de transporte que se pueden tomar en una ciudad hacen parte del ____________ ____________.
2. Cuando describimos el exterior de una persona, el color de pelo, los ojos, el cuerpo, hablamos del ____________ ____________.
3. Los ____________ ____________ son las características físicas de la superficie de la tierra, como por ejemplo, las montañas, los volcanes, etc.
4. Los ____________ ____________ de 2012 tuvieron lugar en Londres.
5. España está dividida en 17 ____________ ____________.
6. En Barcelona hay muchos edificios de ____________ ____________. Unos ejempos son la Sagrada Familia y la Pedrera de Gaudí.
7. Durante la ____________ ____________ en una gran ciudad hay que tratar de no conducir por ____________ ____________.
8. Con el ____________ ____________ se puede viajar dentro de Madrid todo el año y sin límite.
9. Hay regiones en España que llegan a 44 ____________ ____________ en verano.
10. La ____________ ____________ la ocupan España, Portugal, Andorra, Gibraltar y los Valles pirenaicos de la Alta Cerdaña.

ISBN 978-3-12-513354-9.

6. Comprensión auditiva: Barcelona (📖 pp. 22–23, Online-Code m9r5wx)

a. Antes de la primera escucha: lee las palabras y subraya las que crees que tienen relación con Barcelona.

Comunidad Autónoma	☐	sur	☐	playas	☐	sardana	☐
gallego	☐	Cataluña	☐	modernista	☐	chinos	☐
museo	☐	el Rastro	☐	catalán	☐	turistas	☐
puerto	☐	baile	☐	el Retiro	☐	juegos olímpicos	☐
francés	☐	pinacotecas	☐	al aire libre	☐	castellano	☐
español	☐	importante	☐	capital	☐	despoblado	☐

b. Primera escucha: marca en a. las palabras que escuchas con una cruz.

c. Segunda escucha: escucha y marca si las siguientes frases son correctas (C) o falsas (F).

	C	F
1. Barcelona es la ciudad más poblada de España.	☐	☐
2. En Barcelona nunca hace ni mucho frío ni mucho calor.	☐	☐
3. Antonio Gaudí nunca terminó la Sagrada Familia.	☐	☐
4. El catalán se habla más que el español en Barcelona.	☐	☐
5. En Barcelona hay muchas construcciones modernistas.	☐	☐

d. Tercera escucha: marca la respuesta correcta.

1. Si quieres ir a Barcelona ...
   - ❒ solo necesitas saber hablar español o castellano.
   - ❒ tienes que aprender catalán y español.
   - ❒ necesitas español y un poco de catalán.

2. El clima en Barcelona es ...
   - ❒ templado.
   - ❒ frío.
   - ❒ caluroso.

3. Para ver arte en Barcelona ...
   - ❒ tienes que ir a muchos museos.
   - ❒ solo tienes que caminar por las calles y plazas.
   - ❒ tienes que pagar mucho dinero.

4. En Barcelona se celebraron los Juegos Olímpicos en ...
   - ❒ 1982.
   - ❒ 1992.
   - ❒ 2002.

5. El puerto de Barcelona es muy importante para...
   - ❒ los pescadores.
   - ❒ los turistas.
   - ❒ el comercio de la ciudad.

6. Los turistas que vienen a Barcelona son de ...
   - ❒ EE.UU., Francia, Italia, Gran Bretaña y Alemania.
   - ❒ EE.UU., Italia, Irlanda y Alemania.
   - ❒ EE.UU., Francia, Alemania, Portugal y Gran Bretaña.

e. Después de las escuchas: termina las siguientes frases.

1. Barcelona es la capital de la ______________________ de la ______________________
2. Cataluña está situada al ______________________
3. Barcelona está ubicada a orillas del ______________________
4. Barcelona cuenta con un gran litoral con ______________________
5. La ciudad está muy cerca de la cadena montañosa de los ____________ y de la ____________ con Francia.
6. Algunos ejemplos de la Arquitectura modernista de Gaudí son ______________________ .

ISBN 978-3-12-513354-9.

7. Antónimos (📖 pp. 12–17)

Busca los antónimos de las siguientes palabras y escribe una frase con cada uno.

poblado ⇔ ________________ : ______________________________

interior ⇔ ________________ : ______________________________

inmigrar en ⇔ ________________ : ______________________________

aumentar ⇔ ________________ : ______________________________

mortalidad ⇔ ________________ : ______________________________

igualdad ⇔ ________________ : ______________________________

ancho ⇔ ________________ : ______________________________

frío ⇔ ________________ : ______________________________

húmedo ⇔ ________________ : ______________________________

8. ¿Qué va con qué? (📖 pp. 12–23)

a. Busca las partes que pertenecen a cada expresión y márcalas con el mismo color.

emigrar | estar | con | en | salir | descansar | estar | quedarse | ubicado | contar | a | por | de | de | en | a | provenir | en | situado | disfrutar | pasear

b. Busca la expresión correspondiente en a. y completa la frase.

1. sich an einer Stelle befinden *(dos posibilidades)* — Madrid ________________ / ________________ España.
2. auswandern nach/ stammen aus — Muchas personas que ________ Europa ________________ países pobres.
3. etw. bieten — Madrid ________________________ muy buenas universidades.
4. spazieren gehen in/auf — En Barcelona hay que ________________ las calles.
5. an einem Ort bleiben/ etwas genießen — Lo mejor es ________________ una plaza y ________________ ese museo al aire libre que es Barcelona.

Klett

ISBN 978-3-12-513354-9.

9. Completa la tabla (📖 pp. 12–23)

a. Completa la tabla con los sustantivos de los adjetivos de la izquierda.

adjetivos	sustantivo
soleado, soleada	
despoblado, despoblada	
situado, situada	
arenoso, arenosa	
rocoso, rocosa	
montañoso, montañosa	
ruidoso, ruidosa	
lluvioso, lluviosa	
caluroso, calurosa	
anual	
mensual	
costero, costera	
deportivo, deportiva	
geográfico, geográfica	
madrileño, madrileña	

b. Completa las frases con los adjetivos o sustantivos de a.

El Parque Nacional de Guadarrama está totalmente ______________ en la Sierra de Guadarrama, que es un sistema ______________ perteneciente al Sistema Central. Este está ______________ entre Madrid, Segovia y Ávila. La palabra Guadarrama proviene de la palabra árabe Uad-ar-rámel, que significa río del arenal. La palabra Uad(i) es en árabe ______________ y ar-rámel significa ______________ .

Este parque es un centro turístico regional y son muchos los ______________ que se van lejos de la ______________ capital a pasar su tiempo libre aquí tranquilos, ya sea haciendo ______________ náuticos o de ______________ o simplemente disfrutando de su ______________ . Con más de tres millones de visitas ______________ es el parque el más visitado de España actualmente.

© Achim Riether, 2014

El Parque Nacional de Guadarrama

ISBN 978-3-12-513354-9.

10. Mediación: El transporte en Alemania (📖 pp. 18–23)

Tú estás esperando el metro cuando se te acerca un español. Ha visto que estás leyendo un libro en español y pregunta si le puedes ayudar con la siguiente información que le han dado en la estación. Resume el contenido en español.

Öffentliche Verkehrsmittel in Deutschland

Züge, Busse, Taxis...

Viele Ziele sind in Deutschland mit dem Zug gut zu erreichen. Die Verbindungen in der Stadt sind dann mit der U-Bahn, Straßenbahn, S-Bahn oder dem Bus zumeist sehr bequem und nicht allzu teuer; wenn man den öffentlichen Nahverkehr intensiv nutzt, kann man günstige Jahres-, Monats-, Wochen-, Tages- oder Zehnerkarten erwerben. Die Tickets kauft man üblicherweise an Automaten, die allerdings oft sehr kompliziert zu bedienen sind. Empfehlenswert ist immer, mit einem gültigen Ticket zu fahren, da die Strafe für Schwarzfahrer wiederum sehr hoch ist!
Für weitere Strecken gibt es die Deutsche Bahn. Wenn man frühzeitig weiß, wohin die Reise geht, sollte man die Tickets rechtzeitig kaufen, um diverse Sparangebote nutzen zu können.
Taxifahren ist in der Regel sehr teuer. In großen Städten stehen Taxis meistens an Taxiständen, etwa am Bahnhof. In kleineren Städten muss man sich zumeist ein Taxi bestellen. Dafür gibt es sogenannte Taxi-Zentralen; deren Telefonnummern findet man im Telefonbuch.

Tipp:

Es kann passieren, dass Du bei der Sprachmittlung eines deutschen Textes ins Spanische nicht alle spanischen Wörter weißt. Da du den Text ja nicht wörtlich übersetzen musst, sondern nur sinngemäß, kannst du diese Lücken durch Umschreibungen füllen. „Schwarzfahrer" kannst du im Spanischen z. B. umschreiben mit „alguien sin billete".

III. Profundizar

11. Las palabras y sus muchos significados

En este capítulo aprediste muchas palabras de la metrópoli que también se usan en otros contextos. Completa las frases con las siguientes palabras. Si no sabes como, busca en el diccionario.

estrecho • depresión • pico • nacer • circular • estación • circulación

1. La ______________ de la sangre es lo que hace que la sangre salga del corazón por las arterias, se reparta por todo el cuerpo y vuelva al corazón por las venas.
2. La fecha de tu cumpleaños es el día que tú tuviste que ______________ .
3. Cuando una persona está completamente triste y sin ánimos, tiene que consultar un médico porque seguro que tiene una ______________ .
4. Las aves no tienen boca pero tienen ______________ .
5. Si engordas unos kilos seguro que tu pantalón te va a quedar ______________ .
6. El invierno es la ______________ más fría del año.
7. Todo lo que tiene la forma de un círculo es ______________ .

El tucán vive en América Central y tiene un pico impresionante

ISBN 978-3-12-513354-9.

I. Preparar

1. Palabras ya conocidas (📖 pp. 24–33)

En español hay palabras iguales o similares al alemán. Traduce las siguientes palabras al español y formula una frase.

alemán	**español**	**frase de contexto**
Mulatte, Mulattin		
Ökotourismus		
Relief		
Orientale, Orientalin		
Vulkan		
Äquatorlinie		
Harmonie		
Rasse		
Chauffeur		
Mestize, Mestizin		
Pedal, in die Pedale treten		

II. Repasar

2. Cada palabra su tema (📖 pp. 24–33)

Lee las palabras de cada grupo y marca la que no pertenezca. Escribe después cuál es el tema del grupo de palabras.

1	2	3	4	5
carro	indígena	pico	atracar	joyas
pasajero	congestión	longitud	navegable	acera
colectivo	contaminación	litoral	caudaloso, caudalosa	parque
mariachi	inseguridad	verano	mercancía	edificio
bicicleta	desigualdad	istmo	hidrografía	museo
tren ligero	repleto, repleta	nevado	red fluvial	semáforo
tema				

ISBN 978-3-12-513354-9.

3. Forma las palabras (📖 pp. 24–29)

Busca las partes que forman las palabras y escribe una frase para explicar su significado.

teniente | marino | hidro | hispano | sub | grafía | empleo | terra | des | hablante

1. Un ______________________ es ____

2. La ______________________ es ____

3. Un ______________________ es ____

4. Un ______________________ es ____

5. El ______________________ es ____

4. Completa las palabras (📖 29)

Completa las palabras que faltan según el sentido para describir la población de Latinoamérica.

m _ _ _ _ _ _ _ = b _ _ _ _ _ _ _ + n _ _ _ _ _

b _ _ _ _ _ _ — La población de Latinoamérica — n _ _ _ _ _ _ a _ _ _ _ _ _ _ _ _ _

i _ _ _ _ _

m _ _ _ _ _ _ _ _ _ = e _ _ _ _ _ _ _ _ _ _ + i _ _ _ _ _ _ _ _ _ _

ISBN 978-3-12-513354-9.

5. Sopa de letras (📖 pp. 30–33)

a. Encuentra 13 palabras de «Ciudad de México».

P	U	L	M	Ó	N	I	A	N	Z	E	H	P	E	H
L	K	N	I	O	N	E	É	P	O	C	A	O	D	G
L	E	K	N	E	I	N	R	N	F	É	E	L	I	R
I	R	R	L	E	V	C	C	U	O	A	H	U	A	A
M	T	E	M	P	E	R	A	T	U	R	A	C	T	D
A	V	I	B	I	L	D	S	B	Y	A	I	I	A	O
F	B	I	X	O	L	U	C	S	I	V	N	Ó	B	G
V	I	D	A	K	P	R	O	I	I	N	J	N	I	E
G	B	M	S	A	P	S	L	S	O	W	E	E	L	Q
I	I	V	T	C	O	U	P	T	E	U	J	U	É	N
W	P	A	R	Q	U	E	R	E	M	G	Q	R	C	H
K	O	R	E	C	O	M	P	M	E	D	I	O	V	B
N	E	L	D	T	Z	O	N	A	P	O	N	O	M	T
O	A	R	N	O	I	N	U	Q	D	S	L	B	Z	G
U	C	O	N	T	A	M	I	N	A	C	I	Ó	N	J

La Ciudad de México: Monumento de la Independencia y Paseo de la Reforma

b. Siete de las palabras de a. son compuestas. Completa la primera parte con ayuda del ejercicio a.

______________________ centígrado

______________________ verde

______________________ ambiental

______________________ nocturna

______________________ colonial

______________________ de transporte

______________________ verde

c. Seis de las palabras de a. forman dos palabras compuestas. Complétalas con ayuda del libro.

nivel ↗ mundial ↘ ....

.... ↗ .... ↘ ....

.... ↗ .... ↘ ....

.... ↗ .... ↘ ....

.... ↗ .... ↘ ....

.... ↗ .... ↘ ....

ISBN 978-3-12-513354-9.

6. Comprensión auditiva: Situación geográfica (📖 pp. 24–27, Online-Code v58uv7)

a. Antes de la escucha: completa el Mind Map con todas las palabras que conoces del tema.

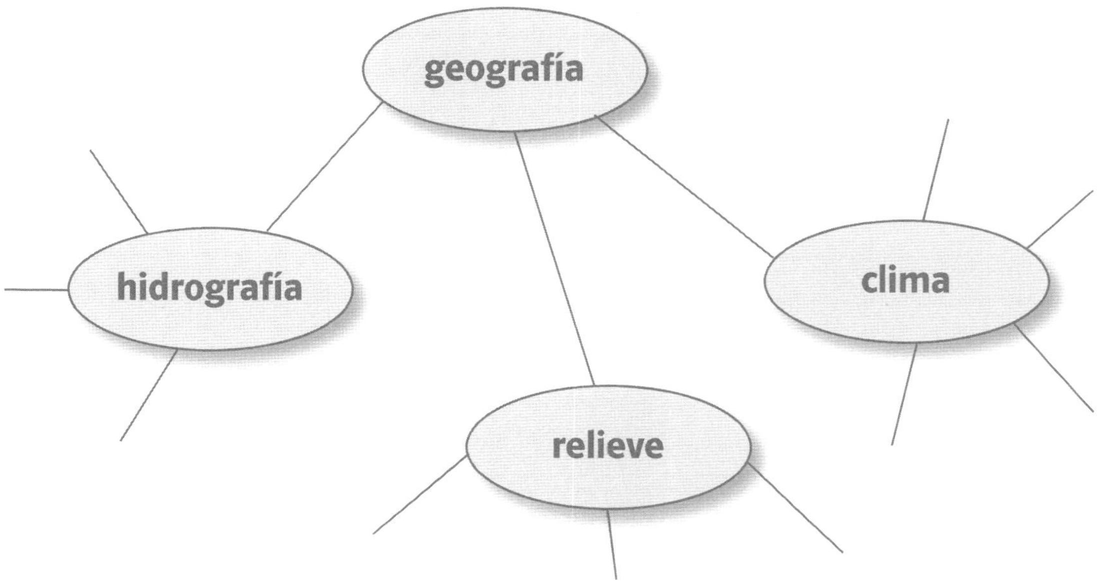

b. Después de la primera escucha: completa el ejercicio a.

c. Después de la segunda escucha: marca si las siguientes frases son correctas (C) o falsas (F).

	C	F
1. El nevado del Popocatépetl está en México.	☐	☐
2. La Cordillera de los Andes es la prolongación de las Montañas Rocosas.	☐	☐
3. En el desierto de Atacama no ha llovido nunca.	☐	☐
4. Los barcos no pueden llevar a sus pasajeros hasta las bahías de América del Sur.	☐	☐

d. Lee y completa el siguiente texto.

América Latina, situada entre los océanos ____________ y ____________, está ____________ por ______ países que, a su vez, se dividen en cuatro conjuntos geográficos. México, ____________, ____________ y el ____________ latinoamericano. Está unida a América del Norte por el ____________ de América Central. Su ____________ es de 12 000 km desde la ____________ con los Estados Unidos hasta el Cabo de Hornos. ____________ es la zona más angosta de América Latina con ____________ km. La más ancha está formada por Ecuador, ____________ y ____________ con ____________ km.

e. Escucha otra vez y corrije o llena los huecos del texto anterior.

ISBN 978-3-12-513354-9.

7. Mediación: Ciudad de México (📖 pp. 30–33)

Un/a amigo/a tuya quiere ir a México de intercambio para aprender español. Lamentablemente, todavía no sabe nada y por eso te pide que le cuentes cómo es la gente allá, cómo es la ciudad, qué se puede hacer, adónde debe ir y cómo moverse en la ciudad. Lee las páginas 30 a 32 y resúmele lo que quiere saber en alemán.

8. Completa la tabla (📖 pp. 24–31)

sustantivo	**verbo**	**adjetivo**
la contaminación		
		situado, situada
la población		
	trasladarse	
la oscuridad		
		navegable
la composición		
	adornar	
la urbanización		
la conquista		

9. Descubre la palabra escondida (📖 pp. 27–33)

Descubre la palabra que está escondida dentro de la otra.

pedaleo	pedal	riqueza	______
nocturno	______	terreno	______
barriada	______	campesino	______
vaiven	______	crecimiento	______
terrateniente	______	altiplano	______

10. Une las palabras que van juntas (📖 pp. 27–33)

Une las palabras que van juntas y complétalas si hace falta, después tradúcelas. Escribe una frase con cada una de ellas.

casco	navegación	→ ______
metro	vida	→ ______
región	demográfico	→ ______
línea	histórico	→ ______
cinturón	verde	→ ______
crecimiento	ambulante	→ ______
condiciones	altura	→ ______
zona	pobreza	→ ______
vendedor	transporte	→ ______
aglomeración	desértica	→ ______
vía	urbana	→ ______
red	ecuatorial	→ ______

ISBN 978-3-12-513354-9.

11. Contrarios (📖 pp. 24–33)

Escribe los contrarios.

pedaleo		riqueza	
nocturno		terreno	
barriada		campesino	
vaiven		crecimiento	
terrateniente		altiplano	

12. Adjetivos (📖 pp. 27–33)

Escribe los adjetivos de los siguientes sustantivos y tradúcelos.

sustantivo	adjetivo	traducción
la montaña		
el desierto		
la lluvia		
la oscuridad		
Ecuador		
África		
el oriente		
la demografía		
la urbanización		
el ambiente		

13. Conocimientos generáles (📖 pp. 24–27)

Mira el mapa, responde a las preguntas y marca lo que te piden.

1. Nombre de la cadena de montañas en Suramérica:
2. Nombre de las Montañas Rocosas en México:
3. Nombre de la misma cadena de montañas en Honduras y Guatemala:
4. Nombre de la región desértica en cadena de montañas de Suramérica:
5. Nombre de las montañas con nieve:
6. Marca el istmo.
7. Marca la costa de Chile en negro.
8. Marca las fronteras de Uruguay.
9. Marca en rojo la parte más ancha y en azul la más angosta.
10. Dibuja el volcán Popocatépetl en el país que corresponde.
11. Marca con una cruz el Cabo de Hornos.

ISBN 978-3-12-513354-9.

14. Definiciones (📖 pp. 24–33)

¿De qué expresión se trata? Escríbela.

1. ______	= Un barco pequeño descubierto y con remos.
2. ______	= El pedazo de tierra que une dos continentes.
3. ______	= La parte más alta de la montaña.
4. ______	= El hecho de que un río lleva mucha agua.
5. ______	= Una serie de montañas, una junto a la otra.
6. ______	= Acercar un barco a tierra.
7. ______	= La acción y el efecto de tomar para sí lo que no es propio.
8. ______	= Una ciudad importante.
9. ______	= Una persona que habla dos lenguas.
10. ______	= El primer momento del día.
11. ______	= Una música típica mexicana.
12. ______	= La entrada grande del mar en la costa.
13. ______	= Un adorno de oro o plata, muchas veces con piedras preciosas.
14. ______	= Un aparato de señales de color rojo, verde y naranja que regula la irculación.
15. ______	= Objetos para vender o comprar.
16. ______	= La costa de un país.
17. ______	= La pintura en una pared.

ISBN 978-3-12-513354-9.

15. Las Islas de Galápagos (📖 pp. 24–33)

a. Busca las partes que van juntas para formar siete expresiones. Después, completa el texto de b.

a | con | saltar | contar | a | vista | vista | demográfico | crecimiento | formar | la | de | a | parte | concienciar | primera | formar | de

1. ______________________
2. ______________________
3. ______________________
4. ______________________
5. ______________________
6. ______________________
7. ______________________

b. Las Islas de Galápagos ______________ un archipiélago en el océano Pacífico. Trece islas mayores, seis islas menores y 42 islotes ______________ él. Este archipiélago ______________ una gran fuente de ingresos gracias al turismo. ______________ el turista solo va a las islas para conocer las diferentes especies, como las tortugas marinas, la iguanas, los leones marinos y los pingüinos. Pero son estos mismos turistas los que traen a las islas todo tipo de especies indeseadas que se convierten en plagas. Es por eso que la dirección del Parque Nacional de Galapagos tiene que ______________ los turistas ________ proteger la naturaleza. Lamentablemente, los principales problemas que tienen hoy en día ______________: el crecimiento acelerado de la población que produce más basura y más contaminates. Pero Galápagos está logrando controlar el problema del ______________ y por eso desde 2010 ya no aparece en la *Lista del Patrimonio de la Humanidad* en peligro.

Unas focas en las Islas de Galápagos

III. Profundizar

16. Prueba tu memoria

Busca en tu memoria y completa el mapa con ayuda del Internet o de un diccionario temático.

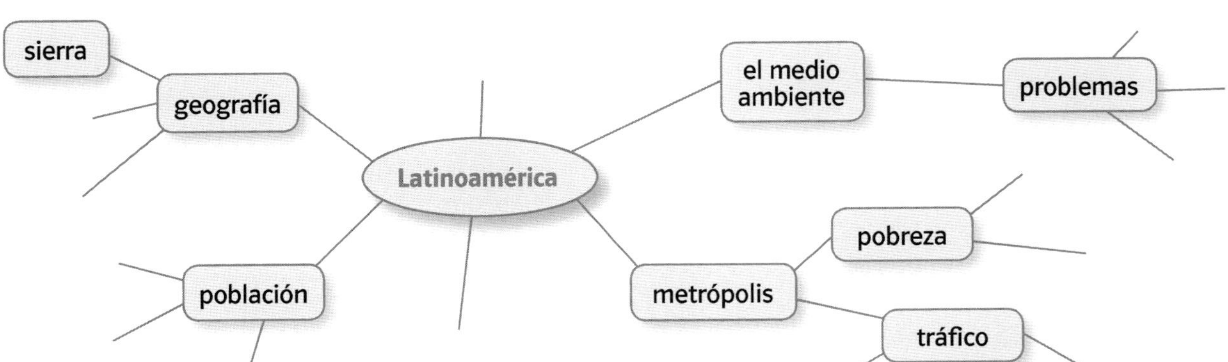

ISBN 978-3-12-513354-9.

I. Preparar

1. Pasaron a la historia (📖 pp. 34–56)

a. A continuación encontrarás sucesos claves de la historia de España y Latinoamérica, solo tienes que completar las sílabas que faltan y con algunas de ellas completar una expresión muy utilizada relacionada con la historia.

- ☐ La Guerra Civil
- ☐ La Invasión ____rabe
- ☐ Las ____rras Carlistas
- ☐ La conquista de Pe____
- ☐ La guerra de Sucesi____
- ☐ La guerra de la ____dependencia
- ☐ La Cons____tución de 1978
- ☐ La Monarquía Parlamenta____ (2)
- ☐ El Dominio visi____do
- ☐ La Inde____dencia de México
- ☐ La Primera ____ (4)pública
- ☐ La ____ (3)gunda República
- ☐ ____ (1) Reconquista
- ☐ La Romani____ción
- ☐ La era ____quista
- ☐ La ____titución de Cádiz

HERALDO DE MADRID

OCHO AÑOS DESPUES

EN EL GRAN PLEBISCITO DE AYER ESPAÑA VOTÓ POR LA REPÚBLICA

Seis años, cuatro meses y trece días. ¡No lo olvidéis nunca!

En casi todas las capitales de provincia y en gran cantidad de pueblos los candidatos republicanosocialistas triunfaron plenamente

La tremenda lección...

EL RESULTADO DE LA VOTACION EN MADRID

Jamás hubo en España una elección a la que el cuerpo electoral acudiese más espontáneamente

EL PUEBLO ESTABA HAMBRIENTO DE LEY

Portada del 13 de abril de 1931

« ____ *histo*____ ____ ____*pite* »
  1 2 3 4

b. Ahora ordena los sucesos del ejercicio a. cronológicamente enumerándolos con cifras de 1 a 16.

c. Marca cuál de las siguientes explicaciones NO significa lo mismo que la expresión del ejercicio a.

- ☐ Vuelve a suceder lo mismo.
- ☐ He comido algo que no me ha sentado bien y mi cuerpo me lo recuerda.
- ☐ El hombre vuelve a equivocarse.

ISBN 978-3-12-513354-9.

1. Palabras que hacen historia (📖 pp. 34–57)

a. Ordena las letras para empezar a asimilar el vocabulario del capítulo. En la parte inferior de cada una de las palabras encontrarás la definición según el Diccionario de la Real Academia Española (DRAE). La letra en negrita es la primera letra de la palabra buscada.

1. E Y **R** ______________________________

Monarca o príncipe soberano de un reino.

2. B I **G** O N O E R ______________________________

Acción y efecto de gobernar o gobernarse.

3. C R Á **D** E I T O C M O ______________________________

Perteneciente o relativo a la democracia (predominio del pueblo en el gobierno político de un Estado).

4. E R C **V** N E ______________________________

Sujetar, derrotar o rendir al enemigo.

5. Y **L** E ______________________________

Precepto dictado por la autoridad competente, en que se manda o prohíbe algo en consonancia con la justicia y para el bien de los gobernados.

6. O **C** S N U T I Ó T I N C ______________________________

Ley fundamental de un Estado que define el régimen básico de los derechos y libertades de los ciudadanos y los poderes e instituciones de la organización política.

7. T C A U **D** I D A R ______________________________

Gobierno que en un país impone su autoridad violando la legislación anteriormente vigente.

8. Q I U S O N **C** R A T ______________________________

Ganar, mediante operación de guerra, un territorio, población, posición, etc.

9. L O I C É **B** ______________________________

Perteneciente o relativo a la guerra.

b. Completa el texto siguiente con cuatro de las palabras anteriormente definidas. (📖 p. 52)

La Segunda República Española fue el segundo periodo en la historia de España en el que la elección del Jefe de Estado y del Jefe del ______________________ estuvo en manos del pueblo. […] La Segunda República comienza el 14 de abril de 1931, después de la salida del país del ______________________ Alfonso XIII. El mundo está en plena crisis económica de 1929, y surgen, por todas partes, ______________________ (PL). En España, en cambio, existe un profundo espíritu ______________________ en toda la sociedad.

ISBN 978-3-12-513354-9.

II. Repasar

3. Descubridores (📖 pp. 40–44)

Palabras sobre «el descubrimiento de América». Busca 19 palabras que lo caracterizan.

D	E	S	C	U	B	R	I	M	I	E	N	T	O	H
M	M	O	O	M	A	Y	A	S	X	R	M	M	A	E
C	B	N	N	U	E	V	O	M	U	N	D	O	T	R
O	A	A	Q	E	C	C	P	E	R	U	H	C	A	N
L	R	V	x	U	I	T	U	X	T	Í	N	T	H	Á
Ó	C	E	I	I	M	A	L	I	N	C	H	E	U	N
N	A	S	S	Ó	L	I	N	C	A	S	N	Z	A	C
Y	R	B	T	C	A	R	A	B	E	L	A	U	L	O
G	S	D	O	M	I	N	A	C	I	Ó	N	M	P	R
I	E	V	D	C	I	N	D	Í	G	E	N	A	A	T
C	O	L	O	N	I	Z	A	C	I	Ó	N	R	C	É
K	O	R	R	P	I	Z	A	R	R	O	E	S	V	S
I	M	P	E	R	I	O	A	Z	T	E	C	A	S	T
Ò	D	E	S	T	R	U	C	C	I	Ó	N	B	Z	G

Execución del último emperador inca Atahualpa (1497–1533) por el conquistador español, Francisco Pizarro

4. La revolución de las palabras

a. Elimina la palabra que se ha colado en la lista:

Una ciudad (+ verbo): fundar, dictar, erigir, dominar, construir

Una ley (+ verbo): aplicar, aprobar, votar, sumergir, entrar en vigor

Un estado (+ adjetivo): liberal, popular, democrático, salado, republicano,

Un pueblo (+ adjetivo): esclavizado, sometido, tiranizado, conquistado, azulado

Un gobierno (sinónimo): imperio, reinado, gerencia, siervo, monarquía

Una batalla (sinónimo): diálogo, combate, lucha, pelea, enfrentamiento

Un vencedor (sinónimo): ganador, triunfador, campeón, perdedor, héroe

b. Ahora busca las dos palabras siguientes ley *y* batalla *en contexto utilizando la página de Internet* http://www.fundeu.es *y escribe lo que más te haya sorprendido haber aprendido.*

ley: ____________________

batalla: ____________________

ISBN 978-3-12-513354-9.

5. La conquista del sufijo (pp. 34–59)

¿Qué sufijo se combina con las siguientes palabras? Pon los tres sufijos buscados en la primera fila de la tabla de debajo y escribe las palabras con sus sufijos en la columna correspondiente.

incorpora______ socie______ descubri______ coloniza______ administra______

digni______ enfrenta______ alza______ uni______ dei______ reconoci______ autori______

subleva______ legali______ explota______ direc______ aconteci______ fragmenta______

– ______	– ______	– ______

6. El campo de batalla de la historia (pp. 34–56)

¿Qué términos asocias al concepto Historia? Ordena los términos de la siguiente lista en un mapa conceptual.

Inquisición • Edad Media • Guerra Civil• Segunda República • latín • dictadura • calzadas romanas • Reconquista • Era franquista • Romanización • califatos • reinos de Taifas • feudalismo • arte mudéjar • aislamiento internacional• Invasión árabe

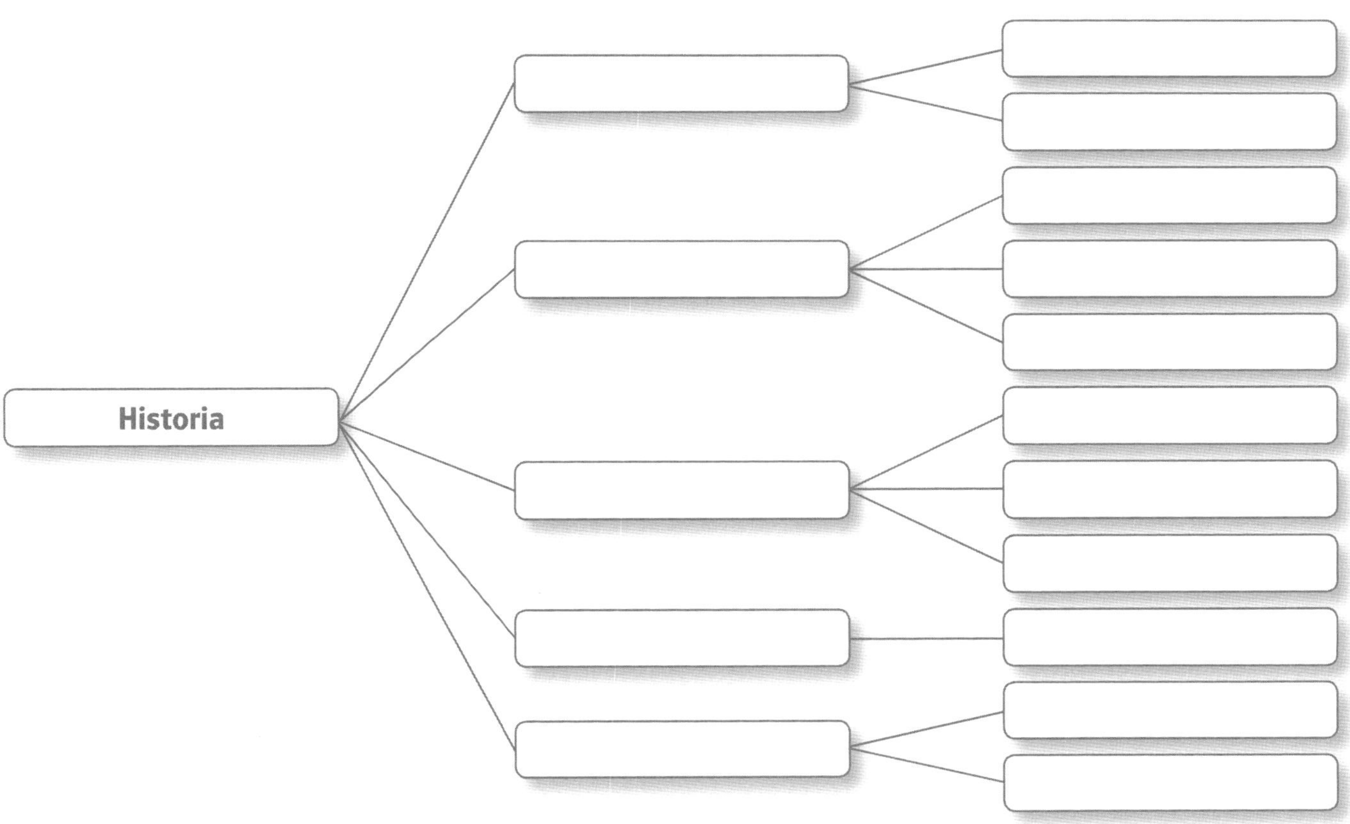

ISBN 978-3-12-513354-9.

7. La cultura precolombina (📖 pp. 44, Online-Code 3ce7td)

Completa el texto con ayuda de las palabras del cuadro. Para corregirlo escucha el audio sobre la Cultura precolombina.

conquistadores • templos comparables • devastación • sacrificios humanos • procedentes del norte • más célebre • teocrático • a más de 4000 m • en construir muros • eclipses • educación obligatoria • en astrología • era

Cuando los ____________ llegaron a América, encontraron pueblos y tribus que habían conseguido un alto nivel cultural. Los mayas, que habían edificado grandes ciudades y magníficos ____________ a las pirámides egipcias en la Península de Yucatán, se habían establecido en ella hacia el siglo V de nuestra ____________, procedentes de Centroamérica. Su Gobierno era ____________ o sacerdotal; adoraban a un dios supremo y a otras divinidades inferiores, ofreciéndoles ____________. Tenían grandes conocimientos ____________, de ahí que desarrollaran un calendario y pudieran predecir ____________ solares y lunares.

Los aztecas ____________ se habían establecido en Anáhuac en el siglo XIII, en cuyas lagunas fundaron un siglo más tarde la ciudad de Tenochtitlán. Sus jefes guerreros sembraron el terror y la ____________. Se apropiaron de la cultura anterior, la tolteca, imponiéndole un carácter guerrero y un culto sanguinario. Su cultura se caracterizaba por una ____________, leyes con castigos muy severos y profundos conocimientos en astronomía. Su arte se entrecruza con el maya y ambos se influyen. Los restos arquitectónicos que nos quedan nos muestran obra de cantería con columnas bajas y robustas. La construcción principal es el templo. En Yucatán el monumento ____________ es el castillo-templo de Chichén Itzá.

Los reyes del antiguo imperio del Perú se llamaban incas y eran verdaderos maestros ____________ de piedra, réplicas de animales y plantas o baños incas. Las ruinas más antiguas son las del observatorio de Tiahuanaco, junto al lago Titicaca, ____________ de altura. Otros pueblos son chibchas, guaraníes, caribes, changos, araucanos …

8. Ser libre como un pájaro

Construye símiles, comparaciones que dan una idea viva de un concepto, con los siguientes términos:

Ser libre como un pájaro, como un niño saltando, como …

Ser esclavo como un pincel a su pintor, como …

Ser valiente como…

Ser prisionero como…

ISBN 978-3-12-513354-9.

9. Palabras en compañía (📖 pp. 36–51)

Une las palabras que van juntas. Después tradúcelas al alemán.

ejercer	a la luz	→
firmar	a muerte	→
sacar	gran influencia	→
señalar	el terror	→
condenar	la victoria	→
dar	resistencia	→
encontrar	el fin	→
sembrar	la paz	→
poner	protección	→
recibir	de manifiesto	→

10. Palabras de la misma familia (📖 pp. 34–59)

a. Convierte los verbos en sustantivos.

suceder		dirigir	
elegir		conquistar	
limitar		incendiar	
resistir		permanecer	
caer		castigar	
recompensar		desembarcar	
apoderarse		defender	

b. Convierte los sustantivos en adjetivos.

libertad		esclavitud	
sangre		conciencia	
paz		responsabilidad	
honor		pueblo	

c. Convierte los verbos en adjetivos.

fortalecer		innovar	
empeorar		independizarse	
mejorar		legalizar	

d. Convierte los sustantivos en verbos.

nave		arma	
barco		traición	

ISBN 978-3-12-513354-9.

11. Comprensión auditiva: la Guerra Civil (📖 p. 54, Online-Code 3ce7td)

a. Primera escucha: marca si la frase es correcta (C) o falsa (F).

	C	F
1. La Guerra Civil comenzó en julio de 1936.	☐	☐
2. La guerra dejó 25 000 víctimas.	☐	☐
3. El rey Alfonso XIII se marcha de España en 1933.	☐	☐
4. En julio de 1936 salta la chispa con la muerte de Calvo Sotelo.	☐	☐
5. La Guerra Civil se dará por finalizada en 1945.	☐	☐

b. Segunda escucha: marca la respuesta incorrecta.

1. La Guerra Civil tuvo lugar…
   - ❒ de 1936 a 1939.
   - ❒ durante tres años.
   - ❒ tras la primera República.

2. A principios de siglo España tuvo…
   - ❒ graves problemas sociales, económicos y políticos.
   - ❒ una monarquía parlamentaria estable.
   - ❒ un rey que se exilió voluntariamente.

3. El alzamiento militar es provocado por...
   - ❒ la muerte del rey.
   - ❒ el asesinato de Calvo Sotelo.
   - ❒ tensión social insostenible.

4. El general Franco…
   - ❒ entra por Marruecos.
   - ❒ tiene por objetivo tomar Guadalajara.
   - ❒ recibe la ayuda de una escuadrilla de aviones enviados por Hitler.

Guernica en ruinas después del ataque alemán por la «Legión Condor» en 1937.

c. Termina las frases siguientes con ayuda del texto sobre la Guerra Civil.

1. De julio de 1936 a abril de 1939 España vivió ______________________________.

2. Todavía hoy se sufren las consecuencias, sobre todo ______________________________.

3. La tensión política ______________________________.

4. El 1 de abril de 1939 ______________________________.

d. Escucha el audio por tercera vez si no has conseguido terminar todas las frases del ejercicio c.

ISBN 978-3-12-513354-9.

12. Faltan palabras para expresar lo que sucedió (📖 p. 58, Online-Code 3ce7td)
Traduce las palabras que se encuentran en paréntesis. La corrección la puedes hacer escuchando el audio.

El 26 de diciembre de 2007 se aprobó la Ley de la Memoria Histórica. Una ley que faltaba elaborar en este país para hacer justicia con las víctimas del ______________________ (Putsch) franquista, la Guerra Civil y la posterior dictadura que asoló España durante 40 años. Una ley que condenara finalmente el golpe de Estado contra la República y que acabara con la ______________________ (Gedächtsnisverlust) colectiva.
La ley nace del esfuerzo colectivo por ______________________ (ausgraben) la verdad. Nace de la tierra, de las fosas comunes, de todas y cada una de las excavaciones realizadas en estos últimos años, de los actos de ______________________ (Erinnerung) y ______________________ (Ehrung) que han tenido lugar en cada pequeño ______________________ (Ecke) del país y también de ese afán por ______________________ (ans Licht bringen) todo lo ocurrido y lo sufrido. Es, pues, una ley de colectivos y asociaciones, de víctimas, de familiares de víctimas y de voluntarios, de arqueólogos e historiadores, de literatos y artistas. Es una ley para todos los que durante años han invertido tiempo, recursos y, sobre todo, mucha ilusión para devolver la ______________________ (Würde) tantos años perdida.
Se comienza con la retirada de símbolos franquistas de las calles de las ciudades y la mejora de derechos económicos para las víctimas y sus familiares. Destaca en este punto la inclusión legal del derecho a una ______________________ (Entschädigung) para los beneficiarios de quienes fallecieron entre 1968 y 1977 en defensa de las libertades.

III. Profundizar

13. En busca de la *ley*
Existen multitud de expresiones que incluyen la palabra «ley», algunas muy curiosas. Busca la ley de la casilla que corresponda a la definición en cada caso. Como ayuda puedes mirar en Internet.

1. ______________	Es una forma cómica de explicar los infortunios en todo tipo de ámbitos que, a grandes rasgos, se podría resumir en: "Si algo puede salir mal, saldrá mal".
2. ______________	La que inmediatamente se deriva de la Constitución de un Estado y contribuye a su más perfecta ejecución y observancia.
3. ______________	Poder, autoridad.
4. ______________	(Deporte). Ventaja que da el árbitro a un equipo no pitando una falta que se ha cometido contra él, siempre que mantenga el control de la pelota.
5. ______________	La que excluía del trono de Francia a las mujeres y a sus descendientes, que se introdujo en España después del establecimiento de la casa de Borbón, pero que fue derogada en 1830.
6. ______________	La que prohíbe el tráfico y consumo de bebidas alcohólicas.
7. ______________	La que parece dictada por la razón y el sentido común.

ley de la ventaja
ley del más fuerte
ley seca
ley de Murphy
ley natural
ley orgánica
ley sálica

ISBN 978-3-12-513354-9.

I. Preparar

1. Viaje por Latinoamérica

a. Aquí tienes un mapa de Latinoamérica, escribe los nombres de los países de abajo en su lugar.

1. República de México
2. República Argentina
3. Estado plurinacional de Bolivia
4. República de Chile
5. República de Colombia
6. República de Costa Rica
7. República de Cuba
8. República del Ecuador
9. República de El Salvador
10. República de Guatemala
11. República de Honduras
12. República de Nicaragua
13. República de Panamá
14. República del Perú
15. República del Paraguay
16. República dominicana
17. República Oriental del Uruguay
18. República Bolivariana de Venezuela

b. En Puerto Rico se habla también español, es un Estado libre asociado. ¿A qué país está asociado?

ISBN 978-3-12-513354-9.

II. Repasar

2. Política en Hispanoamérica (📖 pp. 60–67)

Pon las palabras de arriba en el grupo temático correspondiente.

el populismo	la denuncia	promulgar una ley	la política neoliberal
la Corte de apelación	el feminismo	el empresario	el poder legislativo
la Corte Suprema	la forma de gobierno	la compañía multinacional	el congreso nacional
la deuda externa	el libre comercio	el, la comunista	el crecimiento económico
el crédito	el poder ejecutivo	el derecho a veto	el PIB
el Estado libre	el fiscal	el, la capitalista	el magistrado, la magistrada
	la inflación	la expansión económica	

POLÍTICA	LEY	ECONOMÍA

3. Crucigrama (📖 pp. 60–69)

Escribe en el crucigrama las palabras en español.

1. Demonstration
2. Verhandlung
3. Niederlage
4. Auslieferung
5. Gewicht
6. Krieg
7. Amt
8. Freistaat
9. Wohlstand
10. nominieren
11. Untersuchung
12. kommunistisch
13. Staatsanwalt
14. verteidigen
15. Arbeit

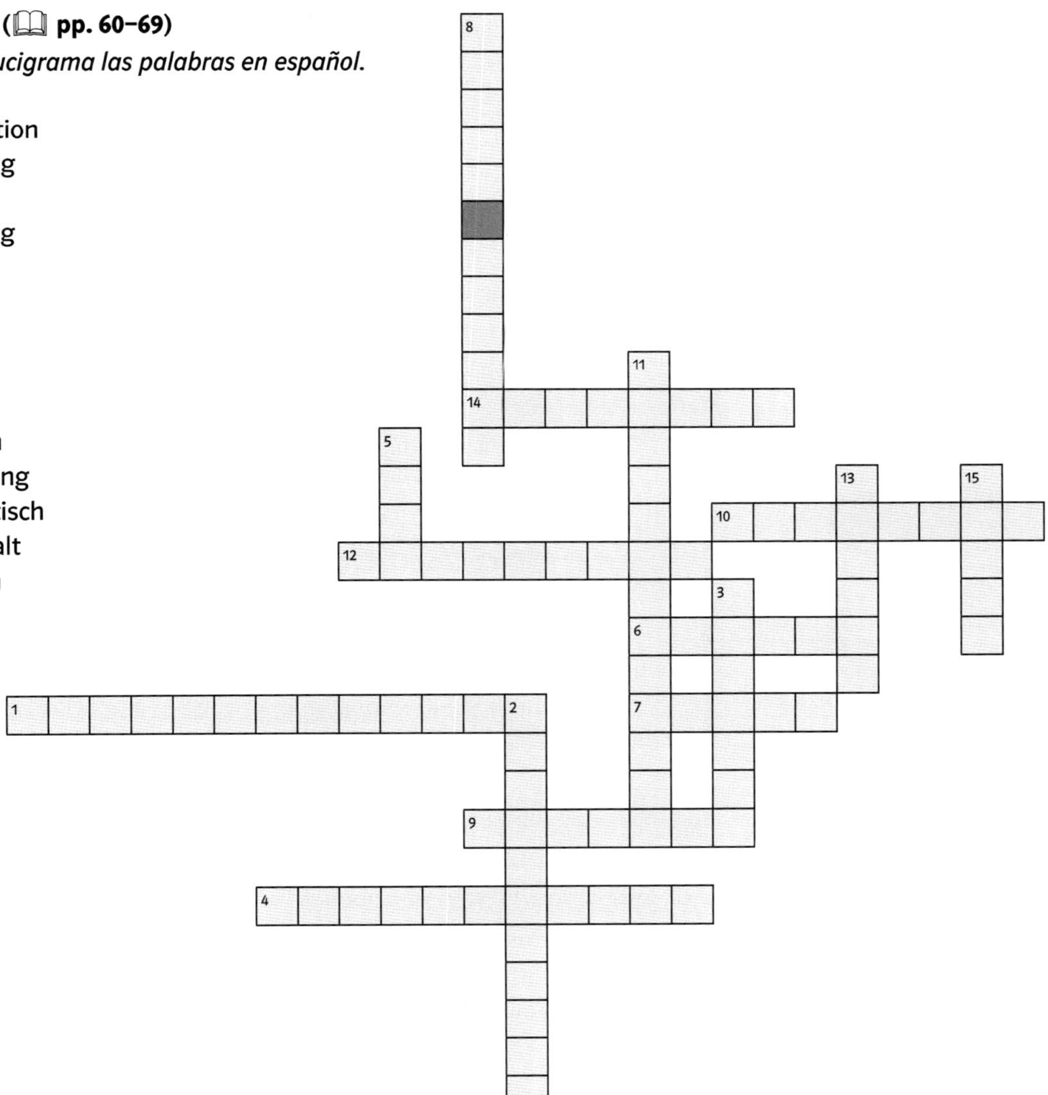

ISBN 978-3-12-513354-9.

4. Busca la segunda parte de las palabras (📖 pp. 60–71)

a. Escribe el artículo de las palabras de la izquierda y únelas con las de la derecha completando el género y el número.

movimiento de	comerci
derecho a	multinacional
fundación	transición
igualdad de	mas
fuga de	derech
compañía	vet
proceso de	económic
libre	social
primera	dictatorial
crecimiento	dam
régimen	presidencialist
república	capital

b. Completa las frases con las palabras del ejercicio a.

1. Tipo de república cuya persona al mando tiene el cargo de presidente. ______ ______.
2. Impedir publicar una ley. ______ ______.
3. Empresa con actividad internacional. ______ ______.
4. Periodo de expansión económica. ______ ______.
5. Periodo previo a la Democracia. ______ ______.
6. Persona que ejerce el poder político de un país de forma antidemocrática. ______ ______.
7. Comerciar sin fronteras. ______ ______.
8. Gran grupo de personas pertenecientes a un partido. ______ ______.
9. Mujer del presidente. ______ ______.
10. Todas las personas tienen los mismos derechos. ______ ______.
11. Organización de ayuda a personas con problemas económicos. ______ ______.
12. Dinero que ilegalmente sale del país. ______ ______.

ISBN 978-3-12-513354-9.

5. Sinónimos (📖 pp. 64–71)

Busca sinónimos de las siguientes palabras con ayuda del diccionario y escribe una frase con cada una.

1.	las elecciones		
2.	convertirse en algo		
3.	la labor		
4.	las Fuerzas Armadas		
5.	empujar el final		
6.	el indulto		
7.	el desempleo		
8.	sufrir		
9.	la restricción		
10.	la fuga de capital		
11.	la paralización		
12.	el crédito		

6. Mediación: El Peronismo (📖 pp. 68–68)

Estás haciendo un reportaje sobre el Peronismo para la clase de español. Has encontrado una entrevista muy interesante de un experto sobre el tema pero se encuentra en alemán. ¿Resúmela en español para tus compañeros/-as de clase.

Reporter: Ich möchte Sie heute zu unserer Sendung „Lateinamerika im Fokus" begrüßen. Unser heutiges Thema ist die Entwicklung des Peronismus in Argentinien im letzten Jahrhundert und als Experten auf diesem Gebiet darf ich Frau Collado begrüßen. Guten Tag, Frau Collado. Ich freue mich, dass Sie heute hier sein können. Lassen Sie uns gleich beginnen. Was war Ihrer Meinung nach der Grund für den wirtschaftlichen Aufschwung in Argentinien nach dem Zweiten Weltkrieg?

Frau Collado: Guten Tag, ich freue mich hier zu sein. Es ist richtig, dass Argentinien wirtschaftlich durch den Zweiten Weltkrieg profitieren konnte. Dies war in erster Linie auf den Export von Rohstoffen nach Europa zurückzuführen.

Reporter: Was bedeutete in diesem Zusammenhang die peronistische Partei für Argentinien?

Frau Collado: Der Peronismus bedeutete vor allem einen einschneidenden politischen Wechsel in der Geschichte des Landes. Diese politische Bewegung zeichnete sich durch ihren Wunsch nach sozialer Gerechtigkeit aus und hatte einen enormen Erfolg bei den Wählern.

Reporter: Aber es gab da auch ein paar dunklere Flecken in der Geschichte der Partei…

Frau Collado: Das ist richtig. Leider erlaubte die peronistische Führung keine Opposition und diejenigen, die es dennoch wagten, Kritik auszusprechen, wurden unterworfen und hatten Repressalien zu befürchten.

Reporter: Welche Bedeutung hatte nun die Figur von Eva Perón für den Peronismus?

Frau Collado: Eva Perón spielte eine tragende Rolle in der peronistischen Partei, sie wurde zu ihrem Symbol. Durch ihre soziale Stiftung half sie den Allerärmsten, den Obdachlosen, indem sie Nahrungsmittel und Güter des täglichen Bedarfs an sie verteilte. Außerdem war sie eine glühende Verteidigerin der politischen und bürgerlichen Gleichheit. Sie war wirklich eine außergewöhnliche Frau.

ISBN 978-3-12-513354-9.

7. El lío de letras (📖 pp. 60–65)

a. Estas palabras tienen las letras desordenadas, recompónlas.

NOUICADAD

NOVANORECI

GOCIONNEACI

RAPRABO

BAROCOLAR

CERLMARA

REBLUPIAC

LIAGOQUIRA

BESPLITICO

GADOTRISAM

1. ______________________
2. ______________________
3. ______________________
4. ______________________
5. ______________________
6. ______________________
7. ______________________
8. ______________________
9. ______________________
10. ______________________

b. Busca la palabra correspondiente en a. y completa la definición.

1. Organización del estado no monárquico. ______________________
2. Estar de acuerdo con una opinión. ______________________
3. Trato para llevar a cabo un pacto. ______________________
4. Persona que vive en un país. ______________________
5. Gobierno de una élite. ______________________
6. Realizar algo nuevo. ______________________
7. Ayudar a realizar un proyecto. ______________________
8. Persona que trabaja como juez. ______________________
9. Pedir algo con respeto. ______________________
10. Consulta mediante voto popular directo sobre la aprobación o rechazo de un determinado tema.

____

ISBN 978-3-12-513354-9.

8. Palabras opuestas (📖 pp. 62–71)

a. Busca las palabras antónimas en la segunda columna y únelas. Si necesitas ayuda utiliza el diccionario.

☐ defender	☐ por minoría
☐ asumir	☐ detener
☐ aplicar	☐ atacar
☐ conservador	☐ relajación
☐ tensión	☐ libertad
☐ por mayoría	☐ dar
☐ desaparecer	☐ sufrir
☐ empujar	☐ rechazar
☐ derrota	☐ separar
☐ recibir	☐ progresista
☐ disfrutar	☐ aparecer
☐ represión	☐ victoria

b. Escucha la audición y marca con una cruz las palabras del ejercicio a. que escuchas.

9. Comprensión auditiva: ¿A qué se refieren? (📖 pp. 68–71, Online-Code 8847p3)

a. Escucha el texto y marca la respuesta correcta

1. ¿En qué año se formó el grupo de las Madres de la Plaza de Mayo?
   ❒ 1967 ❒ 1975 ❒ 1977

2. ¿Quienes son las Madres de la Plaza de Mayo?
   ❒ Un grupo de mujeres que celebran la primavera.
   ❒ Un grupo de mujeres que ayudan a niños desaparecidos.
   ❒ Un grupo de mujeres que buscan a sus hijos desaparecidos.

3. ¿Qué presidente investigó los crímenes de la dictadura?
   ❒ Alfonsín
   ❒ Carlos Menem
   ❒ Néstor Kirchner

4. ¿Cómo se caracterizó la política de Menem?
   ❒ Su estilo de política fue liberal.
   ❒ Su estilo de política fue preliberal.
   ❒ Su estilo de política fue neoliberal.

5. ¿Qué significó el corralito?
   ❒ No se pudo comprar todo lo que se quiso.
   ❒ No se pudo tirar el dinero de la cuenta.
   ❒ No se pudo hablar libremente.

6. ¿Qué sectores económicos fueron reactivados por Néstor Kirchner?
   ❒ Sector agropecuario, industrial y de la construcción.
   ❒ Sector agropecuario, ganadero e industrial.
   ❒ Sector agropecuario, de la construcción y agricultura.

ISBN 978-3-12-513354-9.

b. Escucha el texto de nuevo y ordena cronológicamente los siguientes hechos de la historia de Argentina.

- ☐ Se forma el grupo de las Madres de la Plaza de Mayo.
- ☐ Varios militares recibieron el indulto por Carlos Menem.
- ☐ Cristina Fernández fue reelegida en el año 2011.
- ☐ El corralito se aplicó como respuesta a la deuda externa y fuga masiva de capitales
- ☐ Néstor Kirchner consiguió estabilizar el país mediante una política de nacionalizaciones.

10. ¿Dónde se colocan? (📖 pp. 64–65)

a. Completa el texto con algunas de las palabras del recuadro. Cuidado: no necesitas todas.

violaciones de los derechos humanos | compañía multinacional | elecciones | presión popular | colaboraron | régimen dictatorial militar | grupos de poder | extradición | libre comercio | proceso de transición | celebró | designar a alguien | defender la conducta | represión

La historia de Chile e partir de 1973 es una historia de violencia y de ________ política. Pinochet ________ las ________ democráticas por primera vez en 1989 debido a la ________. Previo a la democracia, durante el ________, se intentó investigar las ________, pero Pinochet, la Corte Suprema y el ejército no ________. Pinochet evitó su ________ de Inglaterra a España gracias al apoyo de influyentes ________.

b. Con las palabras de a. que no has utilizado completa las siguientes definiciones.

1. Persona que ejerce el poder político de un país de forma antidemocrática: ________
2. Empresa con actividad internacional: ________
3. Estar de acuerdo con un determinado comportamiento: ________
4. Nombrar a una persona determinada: ________
5. Comerciar sin fronteras: ________

ISBN 978-3-12-513354-9.

III. Profundizar

11. Relaciones (📖 pp. 60–71)

Completa la siguiente tabla. Puedes ayudarte con el diccionario.

VERBO	SUSTANTIVO	ADJETIVO
reclamar		
	derrocamiento	
		negociado
		interno
aprobar		
nombrar		
	renovación	
	manifestación	
	tratado	
	movimiento	

12. Concurso (📖 p. 60, Online-Code 8847p3)

a. *Participas en un concurso en la televisión sobre Hispanoamérica, las siguientes preguntas son de política. Intenta contestarlas, luego escucha la audición y comprueba las respuestas.*

1. ¿Qué tipo de república hay en Argentina?
2. ¿Qué país tiene una república socialista?
3. ¿Qué tipo de república comparten Chile y Uruguay?
4. ¿Cómo se llama la forma de gobierno en México?
5. Nombra cinco paises que tengan una república presidencialista.

b. *En la segunda parte del concurso tienes que averiguar el nombre de los presidentes o jefes de república de los siguientes países en al año 2015, puedes ayudarte con Internet. ¿Qué tipo de política apoyan? ¿Conservadora o liberal? ¿Comunista, socialista o capitalista?*

PAIS	PRESIDENTE/JEFE DE ESTADO	TIPO DE POLÍTICA
Argentina		
Chile		
Venezuela		
Cuba		
México		
Bolivia		
Nicaragua		
Uruguay		

ISBN 978-3-12-513354-9.

I. Preparar

1. España y sus regiones – Un poco de geografía

a. *Mira en un mapa de España las Comunidades Autónomas durante 2 minutos. Luego intenta escribir en su lugar correcto el nombre de las regiones en el mapa de debajo.*

Galicia • Andalucía • Cataluña • Aragón • País Vasco • Castilla y León • Murcia • Cantabria • Madrid • Castilla la Mancha • La Rioja • Extremadura • Asturias • Comunidad Valenciana • Islas Canarias • Islas Baleares • Navarra

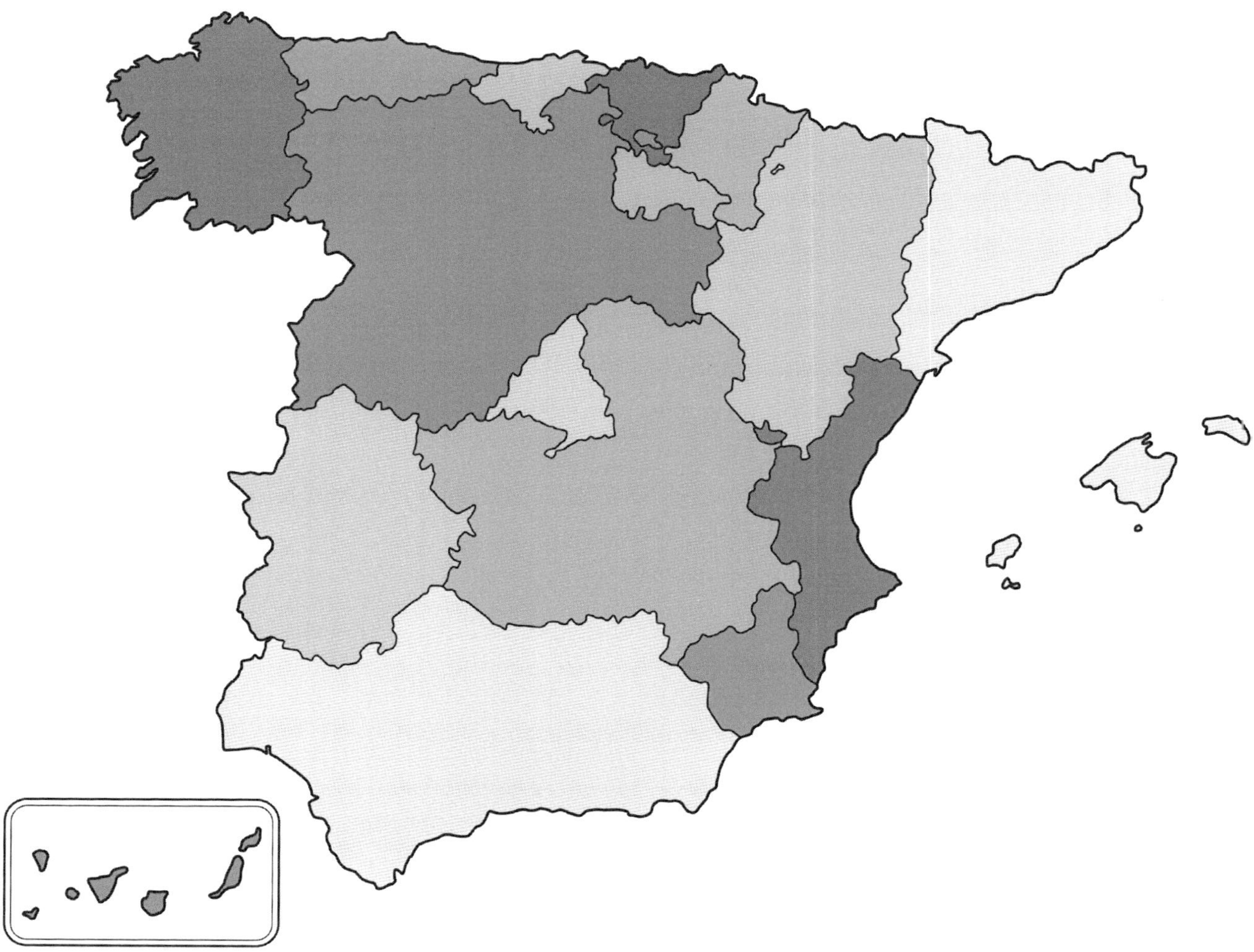

b. *¿Cómo se llaman las dos ciudades españolas situadas en el norte de Marruecos?*

c. *Ahora sin mirar el mapa escribe las Comunidades Autónomas que tienen costa.*

ISBN 978-3-12-513354-9.

II. Repasar

2. Palabras escondidas (📖 p. 72)

a. Ordena las letras para formar palabras.

ED XPEISRNO | IONTUCSTONCI | AMTOUANO | ESPAARONCI | DE ATODSIUPD | OCIASL | DCMUIONAD | GREONCOS | STAOD | TALONSCTIUCION | BALRITUN | BIADLERT | DE DPOSEER

1. ______________ 2. ______________ 3. ______________

1. ______________ 5. ______________ 6. ______________

b. Rellena los huecos con las palabras del ejercicio a. Algunas palabras pueden necesitar el plural.

España es un país perteneciente a la Unión Europea, desde 1978 tiene una ______________ que lo describe como un ______________. Legislativo, ejecutivo y judicial son la ______________ que garantizan la defensa de derechos y libertades de todos los ciudadanos españoles, el pluralismo político y la ______________. El Estado español se divide en territorios llamados ______________. Con respecto a la defensa de la Constitución del Estado existe el ______________ y es el Rey el encargado de presentar propuestas del Presidente del Gobierno, del Presidente del ______________ y de los ministros.

3. Familias (📖 pp. 72–83)

a. Completa la siguiente tabla. Puedes ayudarte con el diccionario.

SUSTANTIVO	ADJETIVO	VERBO
compromiso		
	armado	
		investigar
formación		
		fijar
		proclamar
división		
reconocimiento		
	independentista	
		acusar

ISBN 978-3-12-513354-9.

b. Escoge dos palabras de cada columna y escribe una oración como en el ejemplo.

1. *Los países de la Unión Europea han firmado un compromiso para luchar por la igualdad.*
2. ______
3. ______
4. ______
5. ______
6. ______

4. La revolución de las palabras

Busca en la sopa de letras las siguientes palabras en español y escríbelas detrás.

Á	R	B	I	T	R	A	L	M	Y	H	O	P	Ñ	S
M	F	G	A	R	D	I	P	U	T	A	D	O	I	T
B	F	U	G	A	G	Z	A	N	E	B	U	J	E	R
I	H	O	X	N	E	S	R	I	R	T	A	S	X	O
T	B	U	F	S	O	E	N	C	A	R	G	A	D	O
O	P	W	C	M	E	N	O	I	S	I	V	S	P	U
G	U	P	O	I	X	E	S	P	E	B	T	A	B	I
S	D	E	R	T	Z	Á	L	A	G	U	D	M	U	P
D	E	C	I	I	T	R	H	L	F	N	A	B	U	P
G	N	E	N	R	H	U	I	L	O	A	T	L	A	X
Ú	M	I	V	O	J	O	D	E	S	L	D	E	L	A
F	I	D	E	L	I	D	A	D	G	U	L	A	G	E
H	E	T	S	E	S	A	D	O	H	E	Y	I	B	A
U	N	U	T	H	U	V	D	E	L	I	T	O	Ñ	O
A	D	F	I	G	U	J	O	P	E	X	A	R	D	N
L	A	Y	D	I	S	O	L	U	C	I	Ó	N	P	O
D	E	R	U	F	A	S	E	R	U	N	I	O	M	K
Z	A	P	R	E	S	U	N	T	O	T	Y	U	R	F
S	X	T	A	V	B	U	I	N	O	M	E	U	P	I

1. schiedsrichterlich ______
2. Beauftragte ______
3. Gemeinde ______
4. übermitteln ______
5. Bereich ______
6. Treue ______
7. Einsetzung ______
8. Versammlung ______
9. Änderungsantrag ______
10. Gericht ______
11. Flucht ______
12. Auflösung ______
13. vermutlich ______
14. Verbrechen ______
15. Abgeordnete ______

ISBN 978-3-12-513354-9.

5. Hablamos sobre justicia (📖 pp. 76–81)
Relaciona las palabras con los temas.

Abogado | Armada | Guardia Civil | Juez | Supremo | Ejército del Aire | Delito

tribunal | **Tipos de tribunal** | **Cuerpos de seguridad del Estado** | **Ejército**

Policía Nacional | Ejército de Tierra | Fiscal | Penal | Policía local | Civil | Audiencia Nacional

6. Cuantas palabras (📖 pp. 72–77)
a. Escribe la palabra adecuada para cada oración. Recuerda conjugar los verbos.

proclamar | debatir | fuerza política | presunto | fijar
solicitar | transmitir | fuga | ejercer | asamblea

1. Hoy se ____________ la fecha para el comienzo del juicio.
2. El presidente ____________ su intención de hacer una visita oficial a México.
3. El ciudadano ____________ su pasaporte.
4. El partido socialista ____________ una gran presión en el Congreso.
5. El diputado ____________ su propuesta a la Cámara.
6. El Senado ____________ la enmienda.
7. Ayer hubo una ____________ de diputados en el Congreso.
8. Las diferentes ____________ se han reunido para debatir el proyecto de ley.
9. Un ____________ sospechoso ha ejecutado esta mañana una espectacular ____________

ISBN 978-3-12-513354-9.

b. Escribe las palabras sinónimas utilizando las palabras del ejercicio a. y tradúcelas al alemán.

	sinónimo	**significado en alemán**
decir públicamente		
pedir		
decir		
probable		
reunión		
partido político		
practicar		
asegurar		
discutir		
huida		

7. Seguridad Nacional (📖 pp. 78–80, Online-Code p22f7v)

Escucha el texto de la página 78–80 y contesta las preguntas.

a. Marca con una cruz la casilla adecuada.

	Cuerpo Nacional de Policía	Mossos d'Esquadra	Ertzaina	Guardia Civil	Policía Foral de Navarra
Depende del Gobierno central					
Depende de las Comunidades Autónomas					

b. En las últimas décadas el ejército español ha ampliado su ______________________________,

también participa en ____________________ *y de* ____________________.

c. ¿A qué corresponden las siglas OTAN? ______________________________

____.

ISBN 978-3-12-513354-9.

8. España y sus regiones (📖 pp. 78–81, Online-Code p22f7v)

a. Primera escucha: escucha el texto y marca la respuesta correcta.

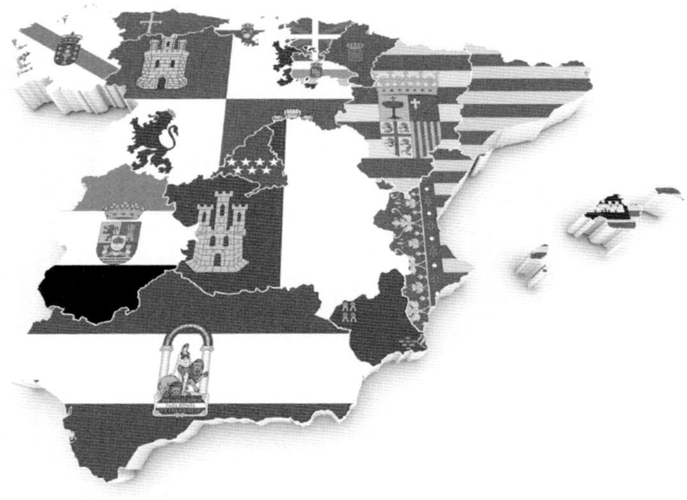

1. El Estado español se divide en ...
   - ❐ 19 Comunidades Autónomas, Ceuta y Melilla.
   - ❐ 17 Comunidades Autónomas, Ceuta y Melilla.
   - ❐ 15 Comunidades Autónomas, Ceuta y Melilla.

2. Las Comunidades Autónomas tienen un Estatuto de Autonomía que regula ...
   - ❐ Gobierno, parlamento y distintas competencias.
   - ❐ Administración autonómica, parlamento y distintas competencias.
   - ❐ Ayuntamiento, gobierno y distintas competencias.

3. ¿Qué poder tiene un Parlamento autonómico?
   - ❐ Judicial.
   - ❐ Ejecutivo.
   - ❐ Legislativo.

4. El Gobierno Autonómico posee un poder ejecutivo y está formado por ...
   - ❐ Presidente del gobierno y consejeros.
   - ❐ Presidente autonómico y consejeros.
   - ❐ Presidente autonómico y diputados.

5. ¿Cuántas provincias existen en el Estado español?
   - ❐ 50
   - ❐ 52
   - ❐ 54

6. ¿Cómo se llaman las instituciones de gobierno de las Islas Canarias?
   - ❐ Consejos Insulares.
   - ❐ Cabildos.
   - ❐ Diputaciones provinciales.

7. Los órganos de gobierno son elegidos por sufragio universal cada ...
   - ❐ 3 años.
   - ❐ 5 años.
   - ❐ 4 años.

ISBN 978-3-12-513354-9.

b. Segunda escucha: vuelve a escuchar el texto y corrige las siguientes frases.

1. El Parlamento autonómico elige entre sus miembros al Presidente del Gobierno.

2. Las Comunidades Autónomas se dividen en regiones y municipios.

3. Las Diputaciones provinciales en las Islas Baleares se llaman Consejos Cabildos.

4. No hay diputaciones provinciales en comunidades uniregionales como Madrid, Málaga y La Rioja.

5. Los ayuntamientos están presididos por el alcalde y los diputados.

9. Terrorismo y nacionalismo (📖 p. 80)

a. Contesta las siguientes preguntas sobre terrorismo en España.

1. ¿Qué dio lugar a la creación de las Comunidades Autónomas?

2. ¿Qué es ETA?

3. ¿Qué objetivo tiene ETA?

4. ¿Qué actos comete ETA para conseguir su objetivo?

5. ¿Ha estado ETA siempre en activo?

b. Tienes que explicar para tus compañeros que no hablan español la historia de ETA. Haz un resumen en alemán del ejercicio anterior.

ISBN 978-3-12-513354-9.

10. Significados (📖 pp. 72–83)

a. Encuentra la palabra adecuada para cada definición. ¡Cuidado, hay más palabras de las que necesitas!

Monarquía parlamentaria • Comunidad Autónoma • corona • investidura • sufragio universal • defensor del pueblo • anunciar • militar • elecciones • censo electoral • enmienda • tribunal • perpetrar un atentado • verificable • captar a alguien

1. Forma de gobierno donde el Parlamento controla las funciones del Rey o jefe de estado. ____________
2. Votación para elegir representantes políticos en una democracia. ____________
3. Lista oficial de ciudadanos para votar en las elecciones. ____________
4. Ceremonia donde se proclama el nuevo presidente. ____________
5. Derecho a votar por parte de todos los ciudadanos de un Estado. ____________
6. Variación de una ley, proyecto o documento. ____________
7. Persona que representa y defiende los intereses de los ciudadanos. ____________
8. Realizar un ataque. ____________

b. Con las palabras que no has utilizado en el ejercicio a. completa las oraciones siguientes.

1. Una ____________ es una región autónoma.
2. La ____________ constituye el símbolo de la Monarquía.
3. El ____________ es el lugar donde un juez ejerce o imparte justicia.
4. ____________ significa expresar algo públicamente.
5. Algo ____________ es algo que se puede comprobar.
6. Un ____________ trabaja en el ejército.
7. ____________ significa convencer a una persona para unirse a un movimiento, ideología.

III. Profundizar

11. Política nacional (📖 pp. 76–77)

Lee el esquema de las instituciones de España de la página 76 y realiza un esquema similar sobre las instituciones de tu país natal en español. Si te faltan palabras, mira en un diccionario o en Internet. Después, compara tu esquema con el de tu compañero/-a. ¿Existen diferencias?

ISBN 978-3-12-513354-9.

I. Preparar

1. Los pilares de la economía
Mira la caricatura de al lado y discute sobre las siguientes preguntas:
¿Qué te sugiere esta caricatura?
¿Te parece que tiene un título adecuado?
¿Qué relación existe entre los tres pilares?

© Kap

II. Repasar

2. La economía en España (📖 pp. 86–93)
a. Con ayuda de las palabras de la casilla completa los siguientes textos.

obligaciones • industria editorial • pesca • pasajeros • calzado • cotizaciones • recursos • alquiler • eólica • éxodo rural • hotelero • agricultores • geotérmica

A. La compra o venta de acciones, fondos u ______________ se realiza en la bolsa y el principal indicador de las ______________ es el IBEX. Pero el sector estrella es el turismo, responsable de la creación de puestos de trabajo en personal ______________, transporte de ______________ o ______________ de automóviles.

B. Los ______________ naturales en España se dividen en agricultura, ganadería, ______________, bosques y minería. Uno de los mayores problemas que ha sufrido España es la pérdida de habitantes en el campo, lo que se ha llamado ______________. Pero en los últimos años gracias a la formación de ______________ se ha estabilizado.

C. La importancia de las energías alternativas en España como la eólica, mareomotriz, ______________ y solar es inmensa. España ocupa el tercer puesto mundial como productor de energía ______________. Con respecto a la producción textil como el cuero y el ______________ son económicamente muy rentables y un sector que se encuentra en contínuo desarrollo es el del ocio y la ______________ ______________.

ISBN 978-3-12-513354-9.

b. ¿A qué sector económico pertenece cada texto del ejercicio a?

SECTOR PRIMARIO ☐ *SECTOR SECUNDARIO* ☐ *SECTOR TERCIARIO* ☐

c. Los problemas de la economía española serán el tema de la próxima edición de la revista de tu colegio alemán. Tú tienes que escribir un artículo sobre los sectores económicos españoles. Haz un resumen en alemán de los tres textos.

3. Relaciones económicas (📖 pp. 84–85)

a. Une las siguientes letras de las dos columnas para formar la palabra correcta y escríbela detrás.

OFER	DAD	1. ______
DEMAN	LACIÓN	2. ______
PLANI	LIDAD	3. ______
PROPIE	TA	4. ______
COMPE	TENCIA	5. ______
JUBI	FICACIÓN	6. ______
PRESTA	DA	7. ______
AISLA	TITIVO	8. ______
AUTÁR	CIÓN	9. ______
MONE	QUICO	10. ______
COMPE	DA	11. ______
ESTABI	CIONISMO	12. ______

b. Busca la palabra del ejercicio a. que corresponde con las siguientes definiciones y escríbelo.

1. Cerrado en si mismo. ______
2. Lucha económica entre dos o más empresas por vender un mismo producto. ______
3. Ayuda económica. ______
4. Cantidad de productos que están a la venta en un determinado periodo. ______
5. Desconexión de los mercados internacionales. ______
6. Proyecto para llevar a cabo un objetivo. ______
7. Abandono del mercado laboral, normalmente a los 65 años. ______
8. Cantidad de productos que los clientes desean comprar en un determinado periodo. ______

ISBN 978-3-12-513354-9.

4. Crucigrama (📖 pp. 100–103)

a. Completa el crucigrama en español con la ayuda de las palabras alemanas.

Horizontal
2. Gelegenheiten
3. Schichten
5. Gewohnheiten
8. Kopf
9. Vielfältigkeit
11. Abhängigkeit
12. Front

Vertikal
1. Markt
4. Vertrag
6. Zinsen
7. Abwertung
10. Schuldner

b. Completa el siguiente texto con la ayuda de algunas palabras del crucigrama. Cuidado porque hay una que no necesitarás.

La economía latinoamericana tiene una gran ________________ de la economía mundial, donde el ________________ exterior de sus exportaciones lo constituyen Estados Unidos, la Unión Europea y Asia. Aunque México es un caso especial ya que tiene un ________________ de libre comercio con Estados Unidos y Canadá. Uno de los grandes problemas que sufren los países latinoamericanos es su deuda exterior. Debido a la ________________ de sus monedas los gobiernos de estos países sufren dificultades para pagar los ________________ de dichas deudas. Estos gobiernos de políticos populistas no realizan las reformas necesarias en el ________________ económico fomentando inversiones en infraestructuras para crear ________________ en la sociedad o en el político mediante transparencia, ________________ política y ________________ democráticos. Así, la pobreza y el desempleo de las ________________ sociales media y baja empeora produciendo una caída del PIB per ________________.

ISBN 978-3-12-513354-9.

5. ¿Cuánto sabes? (📖 pp. 98–99, Online-Code qi6d23)

a. Escucha el audio de la página 98 España en la Globalización y contesta las siguientes preguntas.

1. ¿Por qué la balanza comercial española es deficitaria?

2. ¿Con quién realiza España los principales intercambios comerciales?

3. ¿Qué ha dado lugar a que siete de las multinacionales más grandes en Latinoamérica sean europeas?

4. ¿En qué sectores se ha invertido mayormente en Latinoamérica?

5. ¿Cuales son los principales problemas que tiene la banca en la inversión del Cono Sur y México?

b. Escucha otra vez la audición y di si las siguientes afirmaciones son correctas (C) o falsas (F).

	C	F
Algunos productos que España importa son combustibles, maquinaria y productos manufacturados.	☐	☐
Algunos productos que España exporta son alimentos, vehículos, hierro y textiles.	☐	☐
Los productos españoles con más éxito en Europa han sido invertido también en Latinoamérica.	☐	☐
Las empresas españolas han invertido en Latinoamérica principalmente en los sectores de telecomunicaciones, banca y turismo.	☐	☐

El puerto industrial de Barcelona

ISBN 978-3-12-513354-9.

6. ¿A qué se dedican? (📖 pp. 92–95)
Escribe la profesión que se describe en las siguientes frases.

1. Persona que trabaja en un tribunal defendiendo a un acusado. ____________
2. Especialista en finanzas. ____________
3. Persona que trabaja para el Estado. ____________
4. Especialista en trabajar la madera. ____________
5. Especialista en abrir puertas legalmente. ____________
6. Persona que construye edificios. ____________
7. Experto en cortar y peinar el cabello. ____________
8. Vendedor de carne y derivados. ____________

7. Derechos y deberes (📖 pp. 94–95, Online-Code qi6d23)
Escucha el audio de la página 94 y marca la respuesta correcta.

1. ¿Cuál es el papel de los sindicatos según la Constitución española de 1978?
   - ❒ La defensa y promoción de los intereses económicos de los sindicatos.
   - ❒ La defensa y promoción de los intereses económicos de las organizaciones empresariales.
   - ❒ La defensa y promoción de los intereses económicos de sindicatos y organizaciones empresariales.

2. El instrumento que los trabajadores y empresarios tienen para llegar a acuerdos es
   - ❒ el convenio colectivo.
   - ❒ la negociación colectiva.
   - ❒ agentes sociales mediadores.

3. En las negociaciones colectivas, ¿quién tiene un papel de mediador?
   - ❒ La Unión Europea.
   - ❒ El gobierno.
   - ❒ Las Comunidades Autónomas.

4. La organización que agrupa a todas las empresas asociadas por sectores o tamaño se llama
   - ❒ Confederación Española de Organizaciones empresariales (CEOE).
   - ❒ Organización de Confederaciones de Empresas Españolas (OCCE).
   - ❒ Confederación Española de Empresas Organizadas (CEEO).

5. ¿Para qué sirve la afiliación a un sindicato?
   - ❒ Para declararse en huelga.
   - ❒ Para encontrar trabajo.
   - ❒ Para defender los intereses de los trabajadores.

6. ¿Qué sindicato español es de orientación socialista?
   - ❒ Unión Sindical Obrera.
   - ❒ Unión General de Trabajadores.
   - ❒ Confederación Sindical de Comisiones Obreras.

ISBN 978-3-12-513354-9.

8. Parecidos razonables (📖 pp. 84–91)

Escribe el artículo correcto y el plural de las siguientes palabras. En la última columna, escribe su significado en alemán sin consultar el libro.

______	sector privado	______________________	______________________
______	criterio de convergencia	______________________	______________________
______	aislacionismo	______________________	______________________
______	sector privado	______________________	______________________
______	sector primario	______________________	______________________
______	recurso natural	______________________	______________________
______	inversión	______________________	______________________
______	industria conservera	______________________	______________________
______	finanza	______________________	______________________
______	bolsa	______________________	______________________
______	obligación	______________________	______________________
______	crisis	______________________	______________________

9. ¡Qué desastre de entrevista! (📖 pp. 100–103)

a. Aquí tienes las preguntas para la entrevista de un experto en economía latinoamericana, pero el orden de las palabras es incorrecto. Escribe las preguntas correctamente.

1. país qué dependencia la tiene De latinoamericana economía?¿

   ____

2. provoca las de consecuencias desaceleración potencias mundiales Qué la ¿?

   ____

3. pobreza debe se el y Latinoamérica a Qué la en desempleo ?¿

   ____

4. dificultado Qué intereses latinoamericana exterior ha pago de el la de deuda ?¿

   ____

5. frentes Latinoamérica reformas En son las qué necesarias nuevas en ?¿

   ____

b. El periodista también ha confundido las respuestas. Busca la respuesta correcta a cada pregunta.

	Nº de pregunta
La caida del PIB.	
Frente económico y político.	
De Estados Unidos.	
La reducción de importaciones a sus socios comerciales.	
La devaluación de las monedas.	

ISBN 978-3-12-513354-9.

10. ¡Cuantas palabras! (📖 pp. 84–99)

a. Completa la siguiente tabla. Puedes ayudarte con el diccionario.

SUSTANTIVO	ADJETIVO	VERBO
jubilación		
		esforzarse
venta		
cultivo		
		cubrir
		equilibrar
		prolongar
sostenimiento	sostenible	
	financiero	
		fomentar
	manufacturado	

b. Busca la palabra del ejercicio a. que corresponde con cada definición.

1. Descanso laboral después de los 65 o 67 años. ____________
2. Trabajar duro para lograr un objetivo. ____________
3. Plantación, producto agrícola. ____________
4. Proceso que se desarrolla por si mismo. ____________
5. Que se refiere a temas bancarios. ____________
6. Producto construido en una fábrica. ____________

c. Busca los antónimos con las palabras que no has utilizado del ejercicio a. y escribe una frase con cada uno.

desequilibrar ____________ : ____________

acortar ____________ : ____________

dificultar ____________ : ____________

comprar ____________ : ____________

descubrir ____________ : ____________

ISBN 978-3-12-513354-9.

11. ¿En qué fecha? (📖 pp. 102–107, Online-Code qi6d23)

a. *Los párrafos del siguiente texto están desordenados, escucha el audio de la página* 102 Crisis económica a principios del siglo XXI *y ordénalos de forma cronológica escribiendo el orden correcto en la columna derecha.*

1. El mercado inmobiliario español se paralizó a partir del 2008 debido a los problemas en Estados Unidos y a las hipotecas basura.	
2. El resultado de la elevada demanda de viviendas fue el aumento incontrolado de construcciones. Durante varios años el sector de la construcción se convirtió en el motor de España, país que disfrutó de superávit.	
3. En España los pisos, casas, locales incrementaron de precio alarmantemente.	
4. El gobierno español realizó una serie de reformas sociales referentes a las leyes laborales como despidos más baratos, mayores beneficios fiscales para las empresas y recortes a las ayudas de los más pobres. También aumentó la presión fiscal y creó nuevos impuestos para las clases medias.	
5. Por lo que muchas familias solicitaron créditos a los bancos debido a que éstos los concedían con mucha facilidad.	

b. *Completa las siguientes frases con las palabras subrayadas del texto. Cuidado, las palabras se pueden cambiar (plural, femenino…) según el sentido nuevo de la frase.*

1. ______________________ significa un aumento continuo.
2. Una empresa que presta dinero a otra empresa con intereses se llama ______________________.
3. El balance positivo en la economía de un país se llama ______________________.
4. Un bono de gran riesgo se llama también ______________________.
5. Las ganancias, el dinero son ______________________.
6. La reducción de derechos son ______________________.
7. Ejercer una fuerza es ejercer una ______________________.

c. *Estás escribiendo un proyecto sobre la crisis española para tu clase de política. Haz un resumen en alemán del texto del ejercicio a.*

III. Profundizar

12. Microcréditos en Latinoamerica

a. *Aqui tienes información sobre los microcréditos en alemán. Haz un resumen en español para explicar a tu clase de español en qué consisten.*

> Mikrokredite sind Kleinstkredite von einem Euro bis zu einigen tausend Euro, die an Kleingewerbetreibende überwiegend in Entwicklungsländern vergeben werden. Sie sind neben Mikroversicherungen und micro savings eine wesentliche Mikrofinanz-Dienstleistung. Die Kredite werden in der Regel von spezialisierten Finanzdienstleistern und nichtstaatlichen Organisationen meist zur Förderung der Entwicklung vergeben.

b. *Busca en Internet más información sobre los microcréditos en Latinoamérica. ¿Cómo funcionan? ¿Quién los concede?*

ISBN 978-3-12-513354-9.

I. Preparar

1. El español en el mundo

¿En qué países de todo el mundo se habla español? Márcalos en el mapa.

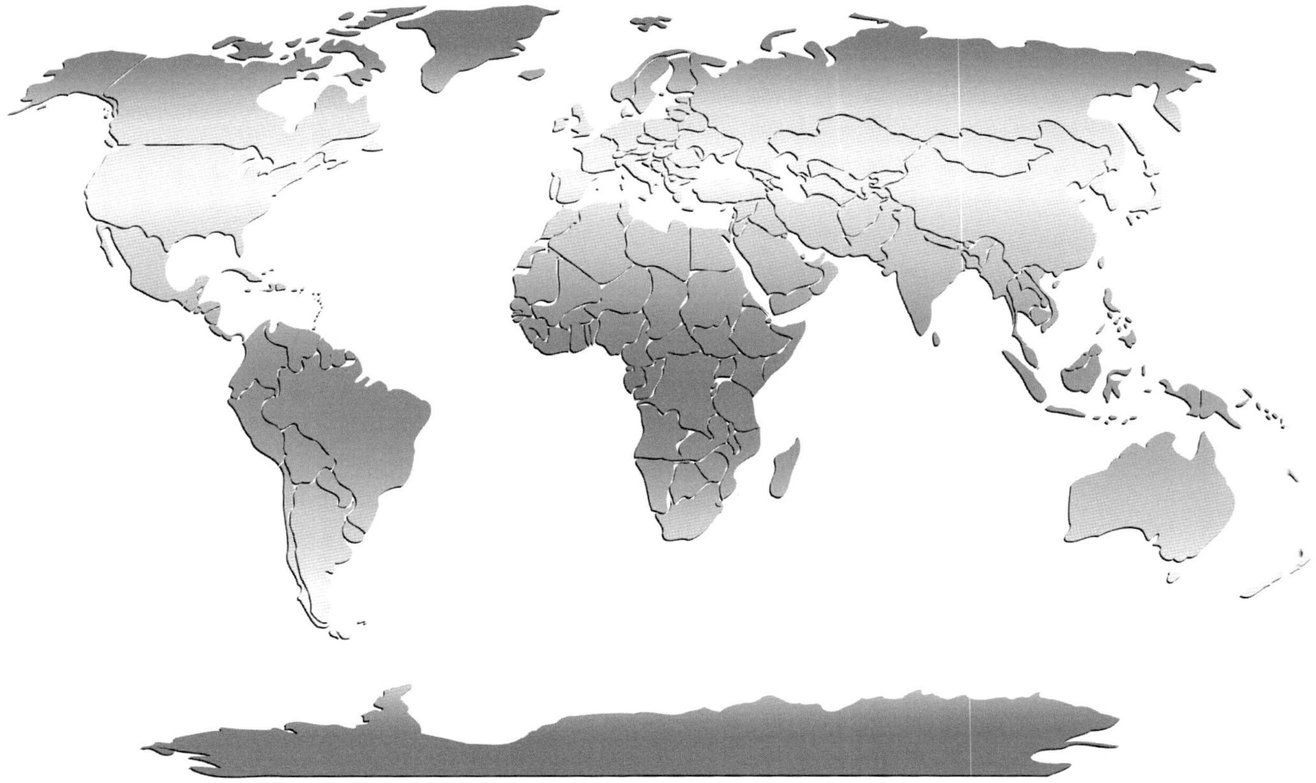

II. Repasar

2. Siglas (📖 pp. 108–121)

¿Qué palabra hay detrás de cada sigla?

	en español	traducción al alemán	siglas en alemán
la ONU			
la OTAN			
el DNI			
la CEE			
la OMC			
la UE			
la OMS			

ISBN 978-3-12-513354-9.

3. Resuelve los crucigramas (📖 pp. 108–123)

Resuelve los crucigramas. Cada crucigrama corresponde a un subcapítulo en Palabras en contexto. *Di cual es.*

1. Progreso, crecimiento económico, social, cultural o político.
2. Establecer, crear, construir.
3. Deseos de hacer algo con gusto.
4. Hacer todo lo posible para que una cosa se haga.
5. Cantidad de dinero oficial que hay que pagar por diferentes motivos

1. hervorheben
2. auflösen
3. alltäglich
4. Verfassung
5. Verständigung
6. Einheitlichkeit
7. Ausdruck, Begriff, Wort
8. Mittelalter
9. Übertragung, Sendung
10. Spanischsprachige Bevölkerung

Klett

ISBN 978-3-12-513354-9.

C

1. Sustantivo de abrir
2. Antónimo de desventaja
3. Sustantivo de negociar
4. Sinónimo de comienzo
5. Sinónimo de crecimiento
6. Antónimo de debilitar
7. Sustantivo de requerir
8. Sinónimo de ayuda
9. Sinónimo de desempleo
10. Sustantivo de construir

D

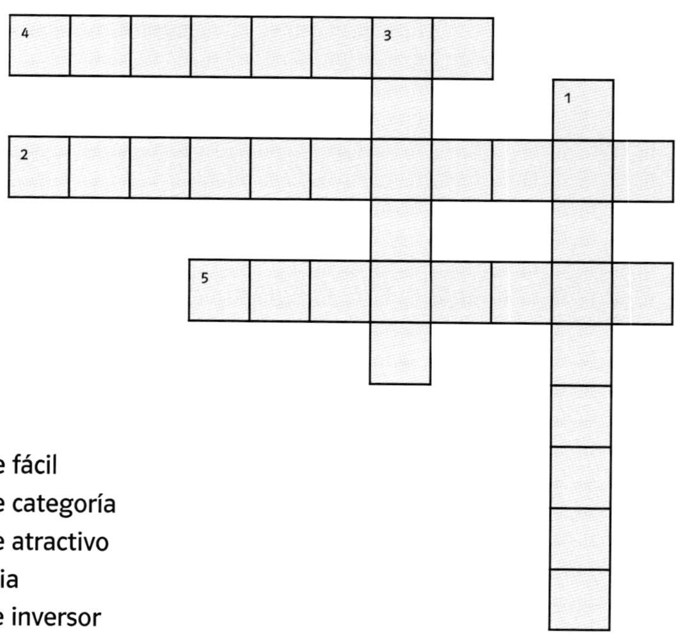

1. verbo de fácil
2. verbo de categoría
3. verbo de atractivo
4. de codicia
5. verbo de inversor

ISBN 978-3-12-513354-9.

4. Forma las palabras (📖 pp. 108–113)

Une las partes que forman las expresiones y escribe una frase para explicar su significado. Las partes se pueden usar más de una vez.

obviar		de	
difundirse			
aplicarse	parte	a	algo
extenderse			
hacer		en	
derivarse			
contar	alusión	con	alguien
resaltar			
formar		por	
provenir			

1. "Obviar ______" significa "____________", por ejemplo: Trabajo todos los días, ____________ el domingo.
2. "Difundirse ______" significa ____________, p. ej. El periódico ____________ noticias.
3. "Aplicarse ______" significa ____________, p. ej. La regla del subjuntivo ____________ los verbos de deseo.
4. "Extenderse ______" significa ____________, p. ej. La música de Shakira ____________ por todo el mundo.
5. "Hacer ____________" significa ____________, p. ej. La palabra castellano ____________ las comunidades de Castilla-la-Mancha y Castilla León.
6. "Derivarse ______" significa ____________, p. ej. El español ____________ del latín.
7. "Contar ______" significa ____________, p. ej. ____________ muchos amigos.
8. "Resaltar ______" significa ____________, p. ej.Hay que ____________ que el vocabulario es importante para la comunicación.
9. "Formar ______" significa ____________, p. ej. Yo formo parte de mi familia.
10. "Provenir ____________" significa ____________, p. ej. Las naranjas ____________ de Andalucía.

ISBN 978-3-12-513354-9.

5. Las palabras se parecen (📖 pp. 108–123)

Aquí tienes unas palabras en inglés, tradúcelas al alemán y utilízalas escribiendo una frase en español.

	Traducción al alemán	Una frase con la palabra en español
1. negotiation	*Verhandlung*	*En Colombia hay negociaciones de paz con las guerrillas.*
2. to extend		
3. society		
4. constitution		
5. participation		
6. salary		
7. contradiction		
8. to eliminate		
9. to be a member of		
10. territory		
11. comprehension		
12. sign		

6. Corta las palabras (📖 pp. 108–123)

a. *Corta las palabras según el sentido y haz lo mismo con su traducción en alemán.*

Ejemplo:

des	igual	dad
Un	gleich	heit

enriquecer riqueza bilingüismo actitud

b. *Añade otras palabras de la misma forma.*

desigual**dad** → uni*formi***dad** → ***utili*****dad** → ***enti*****dad** → ***esta***bili**dad** → ____________________

enriquecer → ____________________

riqueza → ____________________

bilingüismo → ____________________

actitud → ____________________

ISBN 978-3-12-513354-9.

7. Las palabras de la misma familia (📖 pp. 109–123)

a. Convierte los sustantivos en verbos.

la difusión	*difundirse en*	la categoría	
el esfuerzo		la codicia	
el impulso		el acuerdo	
la ironía		la sorpresa	

b. Convierte los verbos en sustantivos.

trabajar	*el trabajo*	despreciar	
beneficiar		acceder	
invertir		significar	
colonizar		comprender	
emitir		mostrar	
abrir		negociar	
construir		formar	
esforzarse		fomentar	
acoger		desarrollar	

8. Las palabras no van solas (📖 pp. 120–123)

Cada verbo se puede completar con 5 de las expresiones de la izquierda. Únelos.

restringir

codiciar

atraer

convertirse en

la exportación de armas

estudiantes

la fama

la entrada de extranjeros

lo que no es de uno

un líder

a las minorías

el consumo de alimentos de comida rápida

inversores extranjeros

el mejor jugador del país

lo extranjero

inversiones

el asilo político

riqueza de otros

realidad

la mujer de otro

un problema

a trabajadores

miembro de la UE

el uso de Internet

ISBN 978-3-12-513354-9.

9. Comprensión auditiva: Latinoamérica internacional: Relaciones entre los países hispanohablantes de América y sus vecinos (📖 pp. 118–119, Online-Code c5kp4k)

a. Antes de la primera escucha: escribe todas las palabras, que conoces, relacionadas con el siguiente tema.

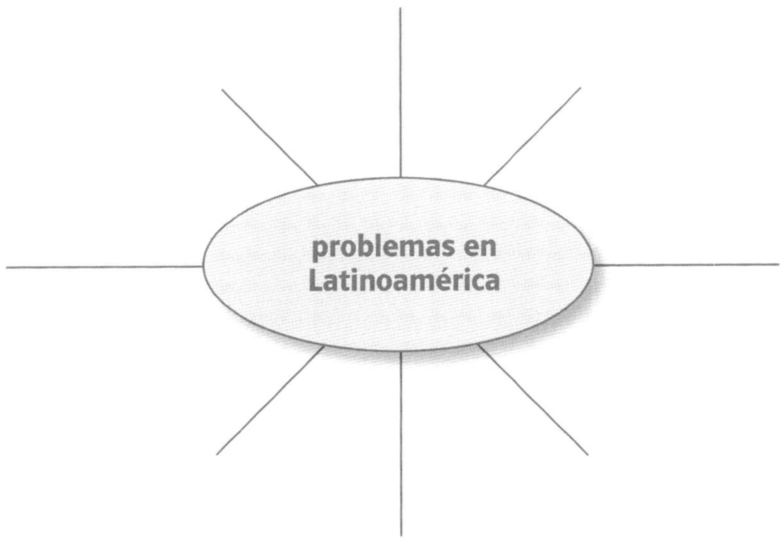

b. Primera escucha: marca en a. las palabras que escribiste y que aparecen en el audio o completa con las palabras que no estaban ya escritas.

	está en el texto	**no está en el texto**
1. Latinoamérica tiene que trabajar junta porque todos tienen exactamente los mismos problemas.	☐	☐
2. A pesar de todo lo que hacen las organizaciones por obtener cambios, no es mucho lo que logran cambiar.	☐	☐
3. La OEA es una organización que lucha solo por objetivos de los países hispanohablantes.	☐	☐

c. Tercera escucha: escucha el audio y completa la tabla de organizaciones de Latinoamérica.

organización	**significado de las siglas**	**países que la componen**	**fundada en**	**objetivos**
la OEA				
el MERCOSUR				
el TLC				
la CAN				
el ALCA				
la AP				

d. Después de la escucha: escribe en 5 frases un resumen del texto que escuchaste.

ISBN 978-3-12-513354-9.

10. Las mismas palabras pero otro tema (📖 **pp. 109–123**)

Lee las siguientes palabras y recuerda su significado. Llena los huecos de la historia con esas palabras.

recelo • restringir • dar el primer paso • apoyar • lucha • ambiente familiar • mantener • cadena • director/a • cotidiano,a • esforzarse • intercambio • emisión • de parte y parte • sorprender • codiciado,a • a razón de • bien acogido,-a • satisfactorio,-a • convertirse • formar parte de • reunir • relación • provenir • atraer

Letizia y Felipe, una historia de película

Don Felipe y Letizia se conocieron en el 2002 en casa de Pedro Erquicia, ____________________ del programa de TVE ‚Documentos TV'. Letizia trabajaba para la ____________________ de Televisión Española como presentadora de la ____________________ de informativos. ____________________ la entrega de los premios Príncipe de Asturias se encontraron nuevamente pero solo tuvieron un corto ____________________ de palabras. Un segundo encuentro fue por la tragedia ‚Prestige'. La periodista fue para dar la noticia de la manera más ____________________ posible y él fue para ____________________ a los afectados.

Según cuentan en el 2003 Don Felipe inició la ____________________ para ____________________ a Letizia. La primera llamada de Felipe ____________________ a Letizia; pero él la llamó varias veces hasta que por fin la invitó a un restaurante y bar de copas. Lo cierto, es que fue él el que ____________________ para la conquista. Aunque los sentimientos eran y son ____________________.

Don Felipe y Letizia ____________________ por ____________________ todo en secreto, de ahí que pasaron varios meses sin que nadie supiera nada.

El Príncipe ____________________ a Letizia y a sus padres para presentarla y hablar de su ____________________ amorosa.

Letizia ha tendio que restringir muchas cosas de su vida ____________________ para poder ser la esposa de Don Felipe y poder ____________________ la familia Real.

El 22 de mayo de 2004 Letizia Ortiz Rocasolano ____________________ en princesa de Asturias y poco después en 2014 en su Majestad la Reina de España. Aunque Letizia no ____________________ de una familia Real, fue muy ____________________ por la familia Real, aunque las infantas la tratan con ____________________.

Hoy Letizia es la mujer más ____________________ de España por todos los medios, aunque ella trata de llevar su vida los más normal posible en el ____________________. Su historia ya está en película…

ISBN 978-3-12-513354-9.

11. Definiciones (📖 pp. 110–115)

Encuentra la palabra o la expresión para las siguientes definiciones.

1. ______________	Cosa que sucede.
2. ______________	Que expresa de manera clara una cosa.
3. ______________	Tejido de lana o de otros materiales, para cubrir el piso de las habitaciones y escaleras como adorno.
4. ______________	Acción de dar, llevar, ayudar con algo.
5. ______________	Acción de ser más grande que otros, más importante que el resto.
6. ______________	Persona que forma parte de un grupo.
7. ______________	Facilitar o dar alimentos y/otras cosas necesarias.
8. ______________	Acción de aplicar métodos para llevar algo a cabo.
9. ______________	Acción de hacer más grande el tamaño.
10. ______________	Hacer algo hasta el final.
11. ______________	Se dice de una cosa que causa efecto en otra como un eco.
12. ______________	Señal que deja hecha el pie del hombre o del animal en la tierra por donde pasa.
13. ______________	Dicho de algo por donde se puede ver claramente a través de él.
14. ______________	Extremamente enfadado.

12. Mediación: Mi intercambio en Guatemala (📖 pp. 108–123)

a. *Traduce al español las siguientes palabras que te ayudarán en el ejercicio b.*

Aufenthalt	______________	Unterricht erteilen	______________
in den Kreis aufnehmen	______________	alltäglich	______________
sich bemühen	______________	unterstützen	______________
Muttersprachler	______________	werden	______________
Begriffe	______________	Schönheitsideal	______________
Bedeutung	______________	Modell	______________
Erbe	______________	sich von etw. ernähren	______________
Volksgruppe	______________	Fast Food	______________

ISBN 978-3-12-513354-9.

b. Tu amiga Julia hace un intercambio en Guatemala y te escribe el siguiente correo. Resume el contenido para tu amigo de intercambio español con él que tú vas a hacer un intercambio el año que viene.

Liebe Emma,
schon seit einem Monat mache ich nun meinen Austausch in Guatemala. Bisher ist der Aufenthalt echt spannend und super interessant, die Leute sind alle sehr nett. Die Familie, bei der ich wohne, hat mich herzlich in ihren Kreis aufgenommen und ich bemühe mich sehr, mein Spanisch mit meinen Gasteltern zu verbessern; aber wie ein Muttersprachler werde ich es natürlich nicht lernen. Das Spanisch in Guatemala hat ganz andere Begriffe als die, die wir in der Schule gelernt haben; manchmal haben die Wörter sogar eine ganz andere Bedeutung. Stellt dir mal vor, außer Spanisch gibt es hier sieben weitere indigene Sprachen, die als kulturelles Erbe offiziell anerkannt sind. Aber in Guatemala werden von den vielen Volksgruppen insgesamt sogar 53 verschiedene indigene Sprachen gesprochen. Viele der Leute sind also logischerweise zweisprachig.
Da die Reisekosten sehr hoch waren, erteile ich Deutschunterricht, damit ich das Geld für die alltäglichen Ausgaben zusammenkriege; meine Eltern können mich ja nicht so üppig unterstützen. Es macht Spaß, ich glaube sogar, dass ich Lehrerin werden könnte.
Lustig ist, dass die Jungs mich hier super attraktiv finden – nur weil ich blond bin. Das Schönheitsideal ist ganz anders als bei uns. Einmal hat mich jemand gefragt, ob ich in Deutschland als Modell arbeiten würde. Kannst du dir das vorstellen? Ich und Modell ☺
Wenn ich mich weiter von so viel Fast Food ernähre wie die Leute hier, werde ich bald nach Hause rollen können. Du wirst überrascht sein, wenn ich zurückkomme…
Grüße bitte alle von mir ☺
Julia

III. Profundizar

13. Libertad para Cataluña

Describe la situación actual de los catalanes en España mediante esta foto y explica las causas de sus marchas y sus motivos. Puedes buscar también en la red bajo Libertad para Cataluña.

ISBN 978-3-12-513354-9.

I. Preparar

1. ¿Quedarse o emigrar?

¿Qué problemas pueden surgir cuando emigras/inmigras y cuáles razones hay para hacerlo? Apúntalos en las tablas.

Razones para irse de su país	Problemas por irse a otro país

II. Repasar

2. Más fácil de lo que parece (pp. 124–131)

Mira las palabras y escribe qué palabras se esconden y después tradúcelas.

	aquí se esconde una palabra con un prefijo/sufijo	traducción
1. franquismo	*Franco + ismo*	*Franco-Regime*
2. regularización		
3. convivir		
4. pacífico		
5. oralmente		
6. esclavismo		
7. comodidades		
8. inseguridad		
9. insuficiente		
10. encarcelamiento		
11. subdesarrollado		
12. numérico		

ISBN 978-3-12-513354-9.

3. Antónimos y sinónimos (📖 pp. 124–133)

Escribe los antónimos y sinónimos de las siguientes palabras.

	antónimos		sinónimos
psíquicamente		favorable	
oriental		el piso	
el, la emigrante		barato	
bajar		el paso	
suficiente		hacerse	
encarcelar a alguien		un país subdesarrollado	

4. ¿A qué grupo pertenecen? (📖 pp. 124–131)

Lee las palabras y ordénalas según el tema correspondiente. Después explica el significado de los temas principales usando las palabras escogidas.

India · documentos · inmigración · brecha · desigual · liberar · negros · naufragos · lengua antigua · problemas económicos · baile · mortalidad infantil · patera · esclavismo · emigración · el tercer mundo · xenofobia · siglo XV · problemas políticos · regularización

movimiento migratorio	países en vía de desarrollo	afroamericanos	clandestinos	gitanos

Un movimiento migratorio es ____

____

Países en vía de desarrollo ____

____

____

____

____

____

Klett

ISBN 978-3-12-513354-9.

5. El puzzle de las sílabas (📖 pp. 128–129)

Busca las sílabas que van juntas y escribe los sustantivos con su artículo. Escribe además el sustantivo si encuentras un verbo y el verbo si encuentras un sustantivo.

so de plo ñar mi ex o

cre ta ci ple cia nio mien

do em pen ci ón to den

artículo	palabra	sustantivo/verbo

6. Forma las palabras (📖 p. 133)

Une las frases siguientes y escribe su traducción.

emigrar	a			
darse		un oficio		
alcanzar		alguien		
caerse	en	algo		
desempeñar		un lugar	de algo	
ocupar		un lugar		
atrapar	de	alguien		
concentrarse		un cargo alto		
provocar		cuenta		
soñar	con			
esconder				

ISBN 978-3-12-513354-9.

7. ¿De qué palabra se trata? (📖 pp. 124–131)

a. Mira las fotos. ¿Sabes qué es? Después, encuentra la palabra y su artículo, añadiendo las cinco vocales A – E – I – O – U en el lugar apropiado.

lptr		ltch		lvvnd	
lvnddrmblnt		lhrrmnt		Mrrcs	
lvsd		lmrch		lsclvsm	

1

2

3

4

5

6

7

8

9

b. Completa el texto usando algunas de las palabras de arriba.

Me llamo Raif, soy de ______________________ y llegué por mar en una ______________________.

Ahora soy ______________________ para ganar algo y poder vivir porque no tengo ______________________.

No sé como como es el procedimiento de regularización para obtener mi ______________________ y poder trabajar legalmente. Quiero trabajar con mis ______________________ y pagar un ______________________ donde vivir con mi familia.

ISBN 978-3-12-513354-9.

8. Comprensión Oral: El pueblo gitano (📖 p. 127)

a. Antes de escuchar: ¿Cuáles palabras están relacionadas con el tema El pueblo gitano? Márcalas con una cruz.

☐ baile	☐ India	☐ chabolas
☐ pateras	☐ agricultura	☐ represión
☐ costumbres	☐ armado	☐ esclavismo

b. Primera escucha: marca las palabras de a. que aparecieron en el audio.

c. Segunda escucha: marca si las frases son correctas (C) o falsas (F).

	C	F
1. Cuando los gitanos llegaron a España fueron bienvenidos.	☐	☐
2. Los gitanos viven en el norte de España.	☐	☐
3. Todos los gitanos viven en completa pobreza.	☐	☐
4. Hoy en día los gitanos no son bienvenidos.	☐	☐
5. La lengua de los gitanos es una de las más antiguas del mundo.	☐	☐

d. Tercera escucha: marca con una cruz lo que sea correcto.

1. Las represiones contra los gitanos
   - ❒ comenzaron en el siglo XV.
   - ❒ comenzaron con la llegada de los Reyes Católicos.
   - ❒ comenzaron por sus guetos.

2. Los gitanos llegaron
   - ❒ tal vez de India.
   - ❒ a un lugar donde convivían tres diferentes culturas.
   - ❒ cuando los Reyes Católicos subieron al poder.

3. Hay gitanos que son
   - ❒ profesionales.
   - ❒ vendedores ambulantes.
   - ❒ todos pobres.

e. Cuarta escucha: termina las siguientes frases.

1. Los gitanos han sufrido represiones desde hace ______________________________.

2. Hay dos caras de la moneda porque hay ______________________________.

3. La lengua de los gitanos es hablada por ______________________________ y transmitida ______________________________ de generación en generación.

ISBN 978-3-12-513354-9.

9. El artículo (📖 pp. 124–127)

a. Escribe el o los artículos adecuados y después completa las reglas en b.

	inmigración		idioma		costumbre
	agricultura		situación		problema
	chantaje		residente		falta
	víctima		miseria		permiso
	inmigrante		instalación		baile
	ley		cliché		población

b. Complete las frases para tener las reglas del ejercicio a.

- Las palabras terminadas en *-a* son ________________ y en *-o* ________________________________.
- Las terminadas en *-ción* son normalmente ________________________________.
- Las terminadas en *-ma* y que vienen del griego son ________________________________.
- Las terminadas en *-e* son ________________________________.

10. Mediación: ¿Quedarse o marcharse a EE.UU.? (📖 p. 133)

Lee el resumen del libro de Jorge Franco titulado Paraiso Travel. *El libro te fascina y quieres que tu amiga lo lea también. Resúmele la información principal en alemán.*

***Paraíso Travel*, una novela de Jorge Franco**

Cuenta la historia de Reina, una seductora joven de Medellín que busca desesperadamente viajar a los Estados Unidos para allí lograr el sueño estadounidense. Su novio Marlon, un joven de familia estable, quien se encuentra locamente enamorado de ella, se ve envuelto en sus maquinaciones, lo que los lleva a emprender un peligroso e ilegal viaje desde Medellín hasta la ciudad de Nueva York.

Ambos novios, llevados por este sueño de alcanzar una tierra fantástica de oportunidades, se ven envueltos en un cruel y amargo éxodo junto con un grupo de latinos que cruzan ilegalmente la frontera entre México y Estados Unidos. La historia toma un giro inesperado en el momento en que arriban a Queens y en medio de la incertidumbre y de una discusión acalorada ocurre un episodio en que Marlon pierde el rastro de Reina. De ahí en adelante la historia muestra la angustia y todas las peripecias que vive Marlon por volver a ver a su amada Reina.

http://es.wikipedia.org/wiki/Paraíso _travel

ISBN 978-3-12-513354-9.

11. Palabras que no tienes que aprender porque ya las conoces (📖 pp. 124–131)

Aquí tienes una lista de palabras que ya conoces. Tradúcelas al español.

alemán	español
Klischee	
ethnisch	
Kaste	
Drogenkartell	

inglés	español
vicious circle	
deficiency	
alimentation	
misery	

inglés	español
limit	
agriculture	
procedure	
violence	

12. Definiciones (📖 pp. 128–129)

Encuentra la palabra de la izquierda. Después, une las palabras con sus definiciones correspondientes de la derecha.

1. dodesocimad ____________		a. La abertura por donde una cosa empieza a perder su seguridad
2. ropicetcón ____________		b. Algo muy grande, infinito o ilimitado
3. saat ____________		c. Las cosas necesarias para vivir a gusto y con descanso.
4. sudinigerad ____________		d. El tamaño de una cantidad. Por ejemplo: la cifra de los desempleados, la cantidad de nacimientos o de muertos.
5. monenis ____________		e. El estado de tener algún tipo de peligro.
6. ledaveo ____________		f. La acción de defender o poner fuera de peligro a una persona, animal o cosa.
7. citenlimanóa ____________		g. El conjunto de cosas de comer o beber para un animal o persona.
8. rabceh ____________		h. Que se encuentra a una gran altura.
9. didibelad ____________		i. La acción de seguir a alguien o algo para alcanzarlo.
10. riguepres ____________		j. La falta de fuerza y de ánimo de una persona.

ISBN 978-3-12-513354-9.

13. Pon orden (📖 pp. 124–127)

Pon orden en las frases para leer la actualidad de hoy en España. Comienza con la palabra en negrita.

1. inmigrantes | acogió a | **España** | entre 1990 y 2013 | llegaron | que | 6 millones de

2. 200.000 extranjeros | de | pierde | **España** | de | via | en | desarrollo | en un año | países

3. **Los** | desempleados | jóvenes | españoles | una | digna | se marchan | vida | de | en busca | al extranjero

4. aumentado | 2014 | en | patera | marítima | **En** | por vía | ha | la inmigración

III. Profundizar

14. Una canción para pensar

La Maleta *de Rubén Blades* *(http://www.letrasdemusicas.fm/ruben-blades/la-maleta#que-le-paso-a-ese)*

Lee el texto de la canción y escúchala.
Cuéntale a un/a alemán/alemana que está contigo de lo que se trata. Para ayudarte contesta las preguntas:

1. ¿Dónde está el cantante y por qué?
2. ¿Qué quiere y por qué?
3. ¿Qué piensa del lugar donde está y del lugar de donde es?

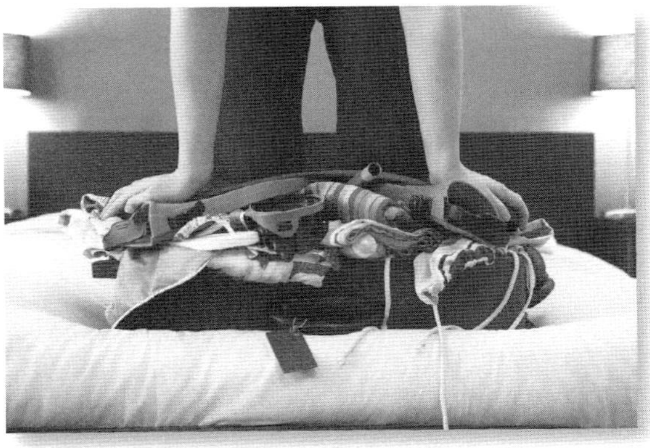

ISBN 978-3-12-513354-9.

I. Preparar

1. Facetas diferentes de la socieda (📖 pp. 133–163)

Lee las palabras o frases y únelas con la foto adecuada. 5 palabras van con cada foto.

tuberculosis

hierbatero

desnutrición

mujer blanca desempeña altos cargos

sefardíes

sufragio femenino

pildora anticonceptiva

centro de menores

abuso infantil

salir de copas

La infancia

La mujer

pareja

musulmanes

telenovela

madrina

La familia

El tiempo libre

judaísmo

campesina

padrino

sicario

viudo

La religión

La salud

nietos

menor

club deportivo

guerrillero

esquiar

evangelización

sistema sanitario público depende de la Comunidad Autónoma

teología de la liberación

tratamiento legal igualitario

practicar deportes de aventura

ambulatorios

ISBN 978-3-12-513354-9.

II. Repasar

2. La infancia (📖 pp. 134–137)

Completa la tabla siguiente traduciendo los sustantivos al alemán.

sustantivo	verbo	traducción
la alimentación		
la infección		
el cuidado		
la desnutrición		
la necesidad		
el maltrato		
el robo		
	consumir	
	delinquir	
	denunciar	
	castigar	
	luchar	
	drogarse	

3. Las mujeres son así (📖 pp. 138–143)

Une las palabras que van juntas y complételas con el artículo o el complemento de si hace falta, después tradúcelas al alemán.

el

la

los

las

de

igualdad	educativo	______
tercer	opuesto	______
vida	decisiones	______
materia	social	______
alimentos	laboral	______
alto	alto	______
clase	forzada	______
sexo	agrícola	______
toma	básicos	______
nivel	prima	______
prostitución	género	______
sector	cargo	______

ISBN 978-3-12-513354-9.

4. Las familias (pp. 144–147)

Escribe los sinónimos o los antónimos de las siguientes palabras.

sinónimos	
la ayuda	el ______
la salud	la ______
una causa	un ______
la niñera	el/la ______
la cesta	la ______

antónimos	
mayor	______
lejano, lejana	______
la juventud	la ______
aumentar	______
crecer	______

5. Lluvia de palabras (pp. 149–151)

Escribe todo lo que sabes sobre los siguientes temas.

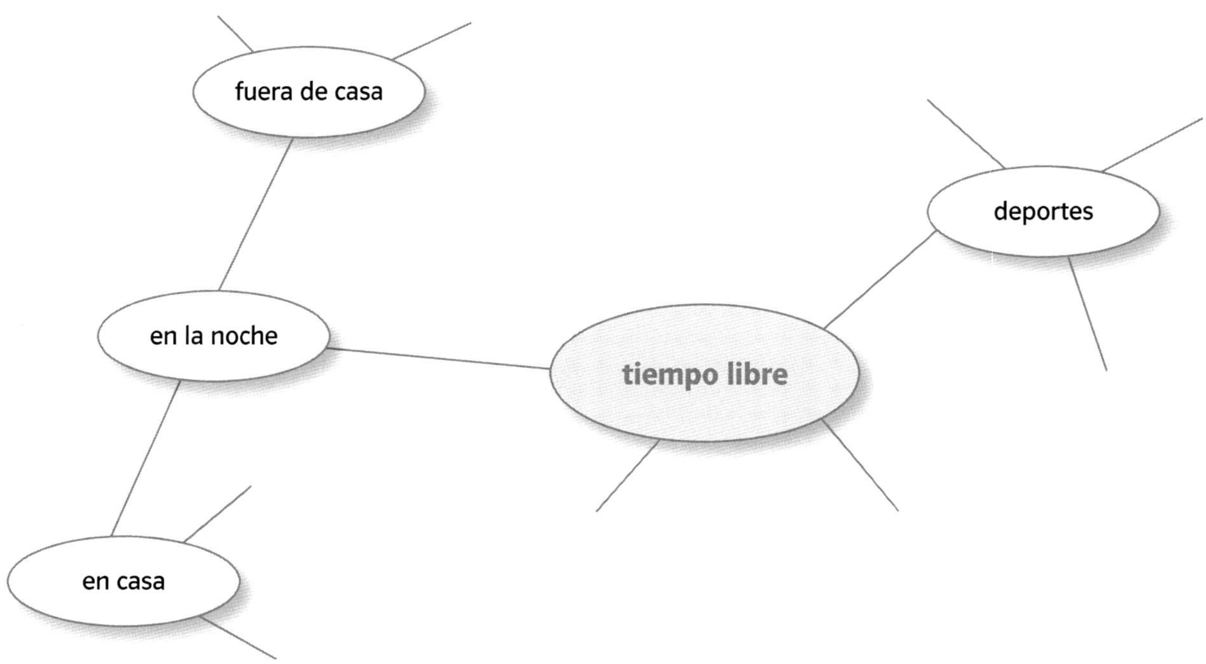

6. Un poco de religión y un poco más (pp. 150–153)

Completa la tabla con las palabras de La Religión.

la persona	palabra general que habla del estado o la práctica de la persona
la bruja	
el judío, la judía	
el cristiano, la cristiana	
el, la creyente	
el esclavo, la esclava	

ISBN 978-3-12-513354-9.

7. La salud antes que nada (📖 pp. 154–163)

¿De qué expresión se trata? Escríbela.

1. ______________	Decisión del jefe para poner final a la relación laboral que le une a un empleado.
2. ______________	El conjunto del acueducto bajo tierra que recoge las aguas de lluvia y hace que las ciudades estén limpias.
3. ______________	Conjunto de empleados que componen una empresa.
4. ______________	Enfermedad que consiste en evacuaciones de vientre líquidas y frecuentes.
5. ______________	Persona que desempeña un trabajo público.
6. ______________	Algo que se da antes de tiempo.
7. ______________	Alteración del orden normal.
8. ______________	Aplicar con éxito a un paciente. Sanar.
9. ______________	Todo lo que tiene vida.
10. ______________	Ser vivo cuando se encuentra en las primeras etapas de su desarrollo. Un bebé en el vientre de su madre los tres primeros meses.

8. Las profesiones (📖 pp. 158–159)

Escribe la especialidad del médico y describe de lo que se ocupa.

____

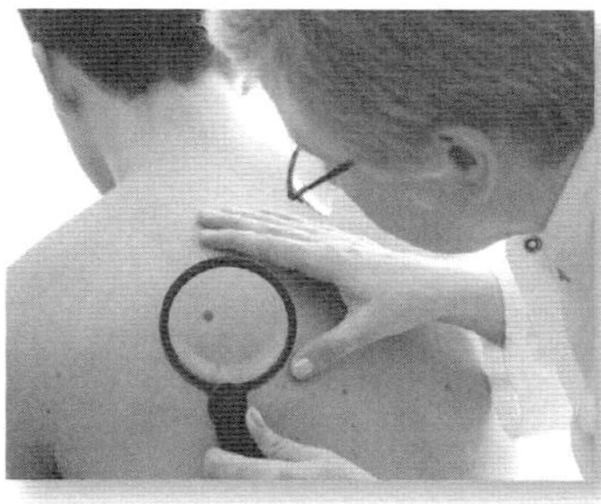

____

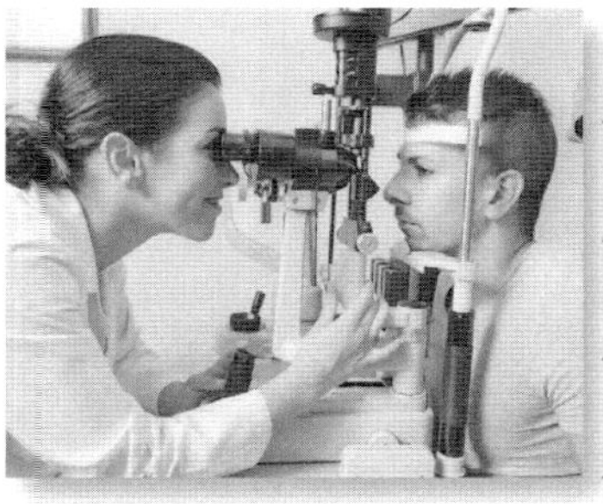

____

____

ISBN 978-3-12-513354-9.

9. Mediación: *Tabak* (📖 pp. 156–161)

Tienes que escribir un artículo sobre una de las plantas descubiertas en América Latina para tu curso de español. Encuentras al artículo siguiente y decides a tomarlo como base. Resume la información principal en español y escribe el artículo.

Die Tabakpflanze stammt aus Amerika. Lange bevor die europäischen Eroberer den Kontinent betraten, wurde in Amerika bereits Tabak angebaut und konsumiert. Geraucht wurde während der Räucherzeremonie der Priester und Medizinmänner. Tabaksaft wurde bei Initiationsbräuchen gereicht. Medizinische Verwendung fanden etwa Tabakblätter zur Versorgung von Hautverletzungen. Europäer lernten Tabak bereits bei ihren ersten Begegnungen mit den Ureinwohnern Amerikas kennen. Tabak wurde damit schnell zum teuren und bedeutenden Handelsgut, wozu auch seine vermutete medizinische Wirkung beitrug.

Schon Anfang des 20. Jahrhunderts kamen die ersten Berichte über negative Klinikerfahrungen auf. Es gab allerdings noch wenige medizinische Untersuchungen. Erst als Vergleiche und Langzeituntersuchungen zwischen Nichtrauchern und Rauchern durchgeführt worden waren, wurden gesundheitsschädigende Folgen des Tabakrauchens festgestellt. Schnell kann Rauchen zur Sucht werden. Viele der Konsumenten leiden unter Herzkrankheiten, manche erkranken an Lungenkrebs. Sogar für Embryonen ist es schädlich, wenn die Mütter zu viel Nikotin konsumieren.

10. Completa el texto (📖 pp. 136–157)

Mira la flecha de las expresiones. Después, completa el texto con la expresión correcta. Las preposiciones ya están en el texto.

falta					
escapar					
charlar	de				
estar	del	alguien			
permitirse	con	algo	con	algo	
surgir	contra	lujo	de	hacer	algo
tener	a	lado	a	alguien	
luchar	que	ver			
obligar	por				
abusar	el				
optar					
convivir					

Juan no quería ______________________ de sus padres y además quería su independencia; pero por la ______________________ de dinero, no podía ______________________ de vivir solo. Un día, en la universidad, ______________________ con dos compañeros que tenían muchos problemas con sus padres y por eso buscaban a otra persona para ______________________ con ellos. Juan se alegró mucho y ______________________ por hablar primero con sus padres del tema. Ellos normalmente ______________________ de él. Pero esta vez ellos ______________________ contra la decisión de Juan. Finalmente, decidieron no ayudarlo con dinero y lo ______________________ a quedarse con ellos. Juan no quería ya ______________________ con sus padres : salía por la mañana y volvía a dormir... Él solo quería ______________________ de esa situación. Todos los problemas que ______________________ por querer su independencia lo hicieron aún más dependiente.

ISBN 978-3-12-513354-9.

11. Comprensión auditiva: La familia española y latinoamericana (**📖 p. 144****)**

a. Antes de la escucha: completa el árbol genealógico.

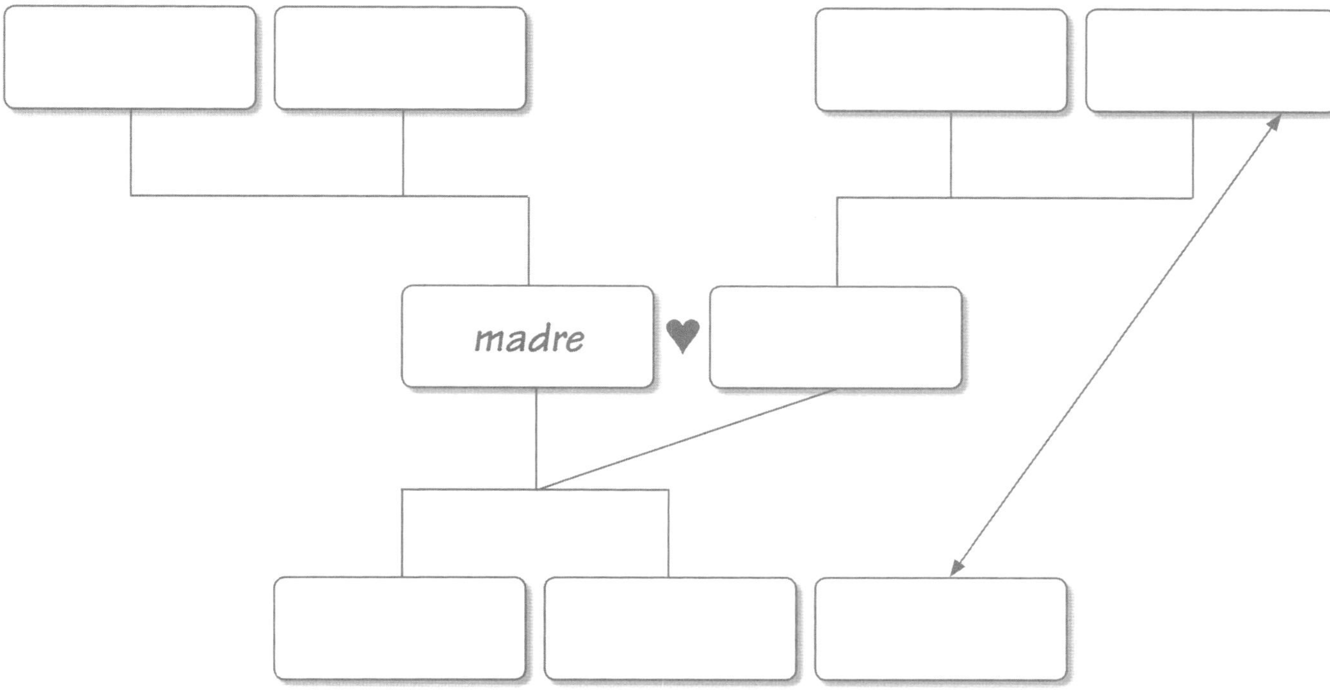

b. Primera escucha: completa el ejercicio a. Después, mira las fotos de abajo y escribe en qué país están situadas (Alemania, España o Latinoamérica).

1. ______________________

2. ______________________

3. ______________________

c. Segunda escucha: lee las frases siguientes y marca si son correctas (C) o falsas (F).

	C	F
1. Los lazos familiares son fuertes por la ayuda que se dan los unos a los otros.	☐	☐
2. En cuestiones de familia el mundo hispanohablante se parece mucho.	☐	☐
3. Los padrinos suelen ser personas de la misma familia	☐	☐
4. Las familias en el mundo hispano siguen siendo bastante grandes.	☐	☐

ISBN 978-3-12-513354-9.

d. Lee las frases y complétalas.

1. Los abuelos viven ______.
2. Los hijos se quedan en casa de sus padres hasta ______.
3. Los encuentros familiares no son tan díficiles porque ______.
4. Los mejores amigos ______.
5. Los padrinos son ______.

e. Tercera esucha : corrige o llena los huecos del ejercicio d.

12. La oveja negra (pp. 133–163)

Mira los grupos de palabras y marca la palabraque no pertence. ¿Por qué? Explícalo.

1.	2.	3.	4.
maltrato	consumidor	cosecha	descriminación
violencia	jeringuilla	recursos	racismo
abuso	infectarse	plaguicida	instalación
cumbre	tratamiento	fertilizante	exclusión
rechazo	bacilo	siembra	aislamiento

1. ______
2. ______
3. ______
4. ______

13. Descubre la palabra escondida (pp. 134–163)

Descubre la palabra o las palabras que está/n escondida/s dentro. Cuidado: a veces la palabra no se ve completamente. Escríbela/s y después traduce la palabra original.

el bienestar		la estancia	
asalariado		el liderazgo	
el movimiento		el maltrato	
conllevar		la legalización	
el monopatín		pudiente	
el hierbatero		el tratamiento	

ISBN 978-3-12-513354-9.

14. Marca la respuesta correcta (📖 pp. 134–163)
Marca la/s respuesta/s correcta/s.

1. Un niño que durante muchos años ha comido mal y poco por pobreza, es un niño que sufre de...
   ❒ alimentación
   ❒ deshidratación
   ❒ desnutrición

2. Lo que hace una person que roba y asesina...
   ❒ delinquir
   ❒ arriesgar
   ❒ adquirir

3. Si a una persona se le muere el esposo o la esposa queda....
   ❒ nocivo, nociva
   ❒ viudo, viuda
   ❒ precario, precaria

4. Algo que sucede antes del tiempo normal, es
   ❒ embrión
   ❒ prematuro
   ❒ masificado

5. Cuando alguien deja de trabajar por edad, recibe
   ❒ la pensión
   ❒ el paro
   ❒ la bonificación

6. Las películas que no están en su lengua original pero otra, han sido
   ❒ subtituladas
   ❒ ampliadas
   ❒ dobladas

7. Una persona que tiene 7 años está en su
   ❒ infancia
   ❒ infantil
   ❒ edad

8. Diez años son
   ❒ una docena
   ❒ una década
   ❒ un promedio

III. Profundizar

15. Deporte
Mira las tablas de estadísticas de deporte en España y escribe un texto de diez frases. Si quieres más información la encuentras en: http://www.mecd.gob.es/servicios-al-ciudadano-mecd/dms/mecd/servicios-al-ciudadano-mecd/estadisticas/deporte/anuario-deporte/Graficos_Anuario_Estadisticas_Deportivas_2015.pdf

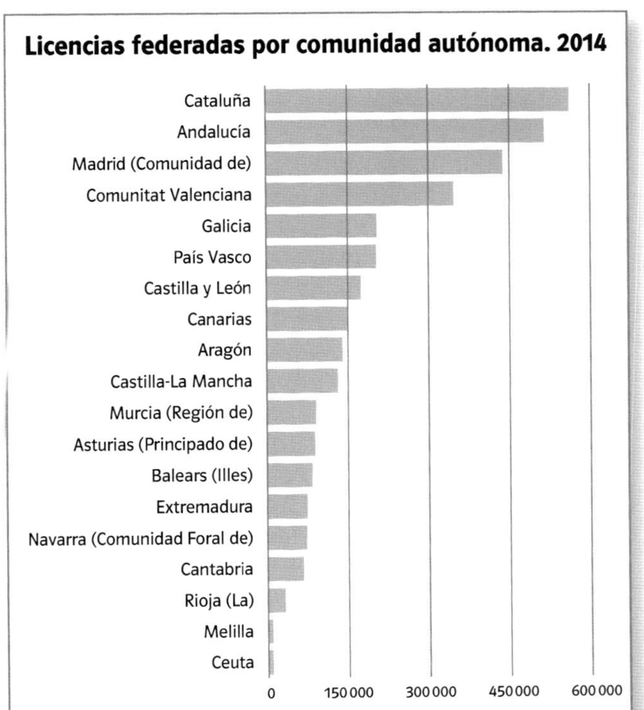

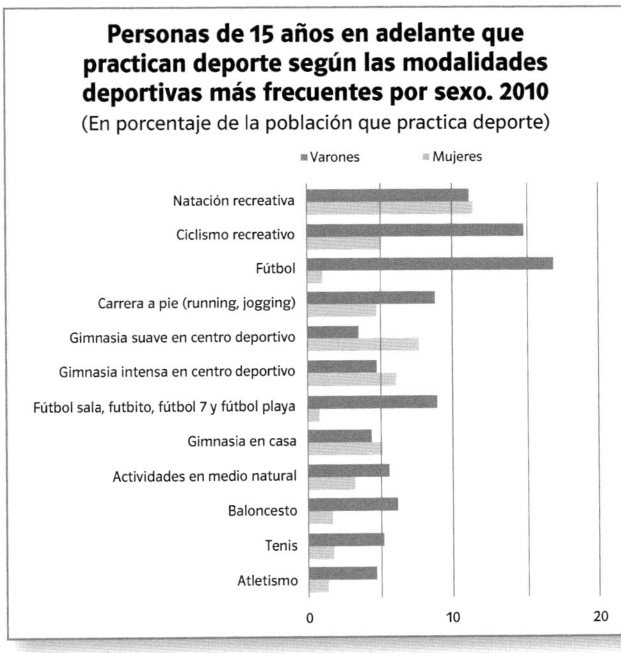

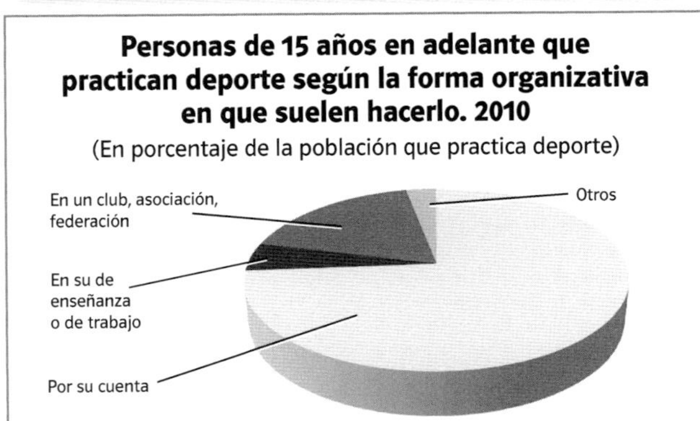

Fuente: Consejo Superior de Deportes. Encuesta de Hábitos Deportivos en España

ISBN 978-3-12-513354-9.

I. Preparar

1. Los orígenes eran prósperos (pp. 164–185)

Ordena los siguientes términos según el ámbito al que correspondan.

el suelo, la humanidad, el plástico, el pepino, la población, la atmósfera, el organismo, el arroz, el arroyo, el cristal, el acuífero, el desierto, el mar, el papel, el trigo, la basura orgánica, la finca, la biodiversidad, el lince, la duna, la huerta, la lluvia, la capa de ozono, la batata, el casco urbano, el oso, la lata, el pimiento, el lobo, el desierto, la tribu, la ganadería, la lenteja, el águila imperial

aire	tierra	agua	seres vivos	alimentos	residuos

2. La destrucción del planeta (pp. 164–185)

Nuestros elementos vitales para subsistir se están viendo amenazados. Ordena los desastres ecológicos entre los elementos que se ven perjudicados: aire, tierra y agua.

a. ________________________ : el agujero de la capa de ozono, la polución del aire, la liberación de dióxido de carbono a la atmósfera, el aumento de la radiación

b. ________________________: la marea negra, la polución del agua, inundaciones

c. ________________________ : la desertización, la erosión del suelo, el calentamiento de la corteza terrestre, la tala de bosques, monocultivos, transgénicos

ISBN 978-3-12-513354-9.

3. Esperanza en las energías renovables (📖 pp. 164–173)
Marca con una flecha los conceptos siguientes en la imagen inferior.

energía eólica

energía solar

energía hidráulica

sistema de depuración del agua

reforestación

ecosistema

II. Repasar

4. Juntos, pero no revueltos (📖 pp. 164–171)
Une con flechas las palabras de la columna de la izquierda con las de la columna de la derecha y tradúcelas al alemán.

ser	de vapor ______
máquina	fósil ______
gas	climático ______
combustible	vivo ______
cementerio	de efecto invernadero ______
cambio	nuclear ______
riego	ambiente ______
marea	ecológica ______
medio	a goteo ______
conciencia	negra ______

5. Se parecen como dos gotas de agua (📖 pp. 164–185)
Completa la última sílaba de los sinónimos siguientes.

entorno:	hábi____	ho____	ambien____	ecosiste____
desastre:	catástro____	terremo____	seís____	acciden____
residuo:	dese____	basu____	exceden____	
muerte:	exterminaci____	desaparici____	extinci____	

ISBN 978-3-12-513354-9.

6. Los derivados (📖 pp. 164–185)

a. Convierte los verbos en sustantivos.

reciclar		acumular	
impactar		inundar	
crecer		depurar	
aumentar		atraer	
incrementar		conservar	
perder		observar	
alertar		extinguir	
amenazar		emitir	
ganar		reducir	
dominar		preocupar	
apoyar		solucionar	

b. Convierte los sustantivos en adjetivos.

mar		vida	
salud		veneno	
costa		ecología	

7. Un pequeño caos (📖 pp. 164–165)

a. Ordena las sílabas de manera que se pueda leer el texto correctamente.

Un planeta de recursos finitos

El homo sapiens lleva más de 100 000 años viviendo sobre la **rraeTi** ________________. Los seres humanos utilizan la **culgriaratu** ________________ para alimentarse y se organizan en ciudades para **irviv** ________________ hace aproximadamente unos 10 000 años. Pero solo hace 300 años que la **ciblaónpo** ________________ y el capital comenzaron a desarrollar procesos de **miencicreto** ________________ exponencial, con la introducción de la máquina de **porva** ________________ y de los modelos de explotación de los recursos, producción y **suconmo** ________________. El **taplane** ________________ que habitamos no tiene recursos **intosnifi** ________________, por eso hay que dar un paso adelante en la redistribución de la **rizaque** ________________ y el acceso a **soscurre** ________________ naturales y energéticos de manera equilibrada y **blesosnite** ________________ entre todos los **tanhatesbi** ________________ del planeta.

b. Une la respuesta correcta a cada pregunta.

1. ¿Cuántos años lleva el homo sapiens viviendo sobre la Tierra?
2. ¿Hace cuántos años que los seres humanos se organizan para vivir?
3. ¿Cuándo comenzaron a desarrollar los hombres proyectos con un crecimiento exponencial?
4. ¿Tiene el planeta recursos infinitos?

a. 10 000 años.
b. No, sus recursos son finitos.
c. 100 000 años.
d. Hace 300 años.

ISBN 978-3-12-513354-9.

8. Energía nuclear a medias (pp. 166–167)

Completa el texto con las frases que faltan y que te damos a continuación.

son extremadamente peligrosos por su radioactividad | generan residuos nucleares | que almacena más de | en el cementerio nuclear | usa para calentar agua y producir vapor | una gran cantidad de energía útil

La energía nuclear

Se produce a partir de cambios en los núcleos atómicos. Estos cambios producen calor, el cual se ______________ ______________ que hace girar las turbinas generadoras produciendo electricidad. La ventaja de usar energía nuclear es que, a partir de una pequeña cantidad de combustible, se produce ______________ ______________. Otra ventaja es que se evita la producción de gases contaminantes peligrosos para el ambiente. Las desventajas son los desechos nucleares, porque ______________ y su dificultad de almacenamiento. En España, las centrales nucleares ______________ que se llevan a piscinas especiales subterráneas que hay en las propias centrales. También se generan residuos que son almacenados ______________ de El Cabril (Córdoba), construido en 1992, y ______________ 16 000 metros cúbicos de basura.

9. Comprensión auditiva: Galicia, la marea negra, nunca mais (pp. 170–171, Online-Code yi5e9i)

a. Antes de escuchar el audio, dinos qué sabes de Galicia.

1. ¿Dónde se encuentra Galicia?
   Márcalo en el mapa.
2. ¿Qué mares la rodean?
   ____
3. ¿Qué lengua se habla?
   ____
4. ¿Qué características culturales de la zona conoces?
   ____

b. Ahora escucha el audio. Marca si la frase es correcta (C) o falsa (F) y corrige las incorrectas.

	C	F
1. El 13 de noviembre de 2012 sucedió una enorme catástrofe en el litoral gallego.	☐	☐
2. Un petrolero lanzó al mar 77 000 toneladas de fuel cubriendo de chapapote toda la costa gallega.	☐	☐
3. El lema *nunca mais* significa que nunca más debería suceder un desastre natural así.	☐	☐
4. El único perjuicio ocasionado al medio ambiente fue la intoxicación de muchos animales.	☐	☐
5. Los mariscadores gallegos han sufrido ya varias mareas negras perdiendo su trabajo.	☐	☐

ISBN 978-3-12-513354-9.

10. Comprensión auditiva: La contaminación atmosférica (📖 pp. 176–177, Online-Code yi5e9i)

a. Antes de escuchar: marca la respuesta de b. que tú consideres correcta.

b. Primera escucha: ahora escucha con atención y corrije o marca la respuesta correcta.

1. Diariamente nuestros pulmones filtran unos 15 kg de aire atmosférico, …
   - ❐ en cambio absorbemos 2,5 kg de agua y menos de 1,5 kg de alimentos.
   - ❐ mientras que solo absorbemos 5 kg de agua y menos de 2,5 kg de alimentos.
   - ❐ mientras que solo absorbemos 2,5 kg de agua y menos de 2,5 kg de alimentos.

2. Se considera que hay polución del aire cuando la presencia de sustancias nocivas puede provocar …
   - ❐ efectos perjudiciales para la naturaleza.
   - ❐ efectos perjudiciales para la salud.
   - ❐ efectos perjudiciales para el ecosistema.

3. Las sustancias nocivas que se concentran en la atmósfera vienen de los …
   - ❐ procesos industriales y las combustiones de calefacciones.
   - ❐ procesos industriales, las combustiones y los vehículos a motor.
   - ❐ procesos industriales y los vehículos a motor.

4. Ciudad de México y … son dos de las ciudades del mundo con más contaminación atmosférica.
   - ❐ Monterrey
   - ❐ Guadalajara
   - ❐ Buenos Aires

5. La radiación solar es otro factor meteorológico que influye …
   - ❐ en el aumento de ozono.
   - ❐ pérdida de visión.
   - ❐ en la formación del smog.

c. Segunda escucha: responde sí (S) o no (N) a los siguientes enunciados.

	S	N
1. El 75 % de las emisiones anuales de contaminantes son de origen vehicular	☐	☐
2. La ciudad de Monterrey genera el 3% de las emisiones contaminantes	☐	☐
3. En la última década se ha triplicado el número de autos en la Ciudad de México	☐	☐
4. A diario aparecen 600 nuevos autos en la Ciudad de México	☐	☐
5. Investigadores han demostrado la pérdida de olfato en bebés	☐	☐
6. Disminución del smog es sinónimo de disminución de enfermedades respiratorias.	☐	☐

d. Para terminar: piensa en lo que tú podrías hacer personalmente para disminuir la contaminación atmosférica.

ISBN 978-3-12-513354-9.

11. Argentina: "¡Protejan a los niños del sol!" (📖 pp. 178–181, Online-Code yi5e9i)

a. Ordena las frases construyendo párrafos correctos. Comprueba a continuación leyendo o escuchando el texto.

Párrafo 1

- ❒ cuyo efecto sobre los seres humanos provoca desde irritaciones a la piel y a la vista,
- ❒ La reducción del ozono en la alta atmósfera ha alcanzado niveles alarmantes.
- ❒ Recordemos que la capa de ozono permite bloquear los nocivos rayos ultravioletas provenientes del sol,
- ❒ hasta daño inmunológico y genético.

Párrafo 2

- ❒ La situación es de tal gravedad que se ha llegado a una situación donde ya no es posible que los niños disfruten de las primaveras como en el pasado;
- ❒ La reducción del ozono sobre la Antártida avanza cada primavera hasta alcanzar el sur de Argentina y Chile.
- ❒ ahora los especialistas alertan a las familias que protejan a sus hijos pequeños del sol.

Párrafo 3

- ❒ Durante dos días, un agujero de ozono se mantendrá justo encima del casco urbano de Ushuaia, situada a 3580 kilómetros de Buenos Aires.
- ❒ registró un aumento de la radiación ultravioleta debido al adelgazamiento de la capa de ozono.
- ❒ En el caso del extremo sur de Argentina, la ciudad más afectada es Ushuaia.
- ❒ La ciudad, ubicada en la provincia de Tierra del Fuego,

Párrafo 4

- ❒ entre otras enfermedades, cánceres de piel, cataratas o debilitamiento del sistema inmunológico.
- ❒ Además, advierten que el aumento de la radiación ultravioleta puede provocar,
- ❒ y se prohíba el uso de compuestos que la deterioran.
- ❒ Organizaciones ecologistas de todo el mundo reclaman que se retiren del mercado los productos perjudiciales para la capa de ozono

b. ¿Cómo decirlo con otras palabras? Sustituye las palabras en negrita utilizando otras palabras o construcciones.

1. Recordemos que la capa de ozono permite bloquear los nocivos rayos ultravioletas **provenientes** del sol.

   ____

2. Durante dos días, un agujero de ozono se mantendrá **justo** encima del casco urbano de Ushuaia.

   ____

3. Ushuaia registró un aumento de la radiación ultravioleta **debido al** adelgazamiento de la capa de ozono.

   ____

4. Organizaciones ecologistas reclaman que **se retiren** del mercado los productos perjudiciales para la capa de ozono.

   ____

ISBN 978-3-12-513354-9.

12. Tala la palabra incorrecta (📖 p. 180)

Lee el texto siguiente y marca la palabra correcta de las dos que lees.

Talas masivas en América Latina

Los bosques primarios son las principales víctimas de la **fábrica/industria** de la madera. Son grandes extensiones en las que **especies/partes** como el oso, el águila o el lobo todavía pueden vivir en **cautiverio/libertad**. Además, este tipo de bosques son verdaderos **pulmones/corazones** para la Tierra y fuente de una gran cantidad de medicamentos. La deforestación provoca la erosión del suelo, inundaciones o la **desertización/fertilización**. Actualmente, ya han sido **deshabitados/destruidos** el 80 % de los bosques primarios del planeta. Algunos de los que quedan se encuentran en Bolivia, Chile, Perú, Venezuela, Canadá y Brasil.

La caoba es una madera muy cotizada y que los mercados europeos y norteamericanos **aprecian/valen** enormemente. A medida que esta madera es más demandada, las reservas de caoba se **cansan/agotan** más y más, hasta el punto de que la tala ilegal se extiende en las reservas ecológicas. Como la caoba se extingue, como en el caso de Centroamérica, los saqueadores se **desplazan/asientan** a otras zonas.

Ante el **peligro/susto** de la extinción de la caoba se prohibió su extracción en Brasil en 1996. Pero un estudio reciente calcula que 120 mil metros cúbicos de caoba **internan/ingresan** anualmente al mercado mundial desde América Latina, en especial de Bolivia, Brasil y Perú, gran parte del cual es **talado/segado** de forma ilegal.

III. Profundizar

13. Doctor, ¿qué me pasa? (📖 p. 172)

Mafalda nos muestra el dolor de la tierra en la viñeta (de la página 172 del libro). ¿A qué doctor tiene que visitar La Tierra si tiene irritación de la piel, cataratas, molestias, enfermedades respiratorias, pérdida del olfato, cáncer de piel, fatiga?

Oftalmólogo: ____________________ Otorrinolaringólogo: ____________________

Oncólogo: ____________________ Médico de medicina general: ____________________

Dermatólogo: ____________________

15. Los colores de la naturaleza: "Verde que te quiero verde"

a. Federico García Lorca escribió un poema muy conocido con este color. Léelo.

Romancero sonámbulo

Verde que te quiero verde.
Verde viento. Verdes ramas.
El barco sobre la mar
y el caballo en la montaña.
Con la sombra en la cintura
ella sueña en su baranda,
verde carne, pelo verde,
con ojos de fría plata.
Verde que te quiero verde.
Bajo la luna gitana,
las cosas le están mirando
y ella no puede mirarlas.
...

ISBN 978-3-12-513354-9.

b. *¿Qué asocias tú al color verde? Las imágenes quizá te pueden ayudar.*

c. *¿Y qué asocias a otros colores relacionándolos con la naturaleza?*

rojo • amarillo • azul • lila • gris • marrón

14. En busca de la definición perdida (📖 p. 164–185)
Busca la definición correspondiente a las siguientes palabras.

talar • biodiversidad • contaminar • extinguir • invernadero • energía nuclear • terremoto • capa de ozono • ecología

1. ____________	Ciencia que estudia las relaciones de los seres vivos entre sí y con el medio en que viven.
2. ____________	Variedad de especies animales y vegetales en su medio ambiente.
3. ____________	Hacer que cesen o se acaben del todo ciertas cosas que desaparecen gradualmente.
4. ____________	Alterar nocivamente la pureza o las condiciones normales de una cosa o un medio por agentes químicos o físicos.
5. ____________	La energía obtenida por la fusión o fisión de núcleos atómicos.
6. ____________	Sacudida del terreno, ocasionada por fuerzas que actúan en lo interior del globo.
7. ____________	Recinto en el que se mantienen constantes la temperatura, la humedad y otros factores ambientales para favorecer el cultivo de plantas.
8. ____________	Estrato donde se concentra el ozono atmosférico, de espesor variable y situado entre 10 y 50 km de altura, que es de gran importancia biológica porque atenúa los efectos de la radiación ultravioleta.
9. ____________	Cortar por el pie una masa de árboles.

ISBN 978-3-12-513354-9.

I. Preparar

1. ¿A qué pertenece? (📖 pp. 186–205)

a. Mira las palabras de la derecha y relaciónalas con los dibujos de la izquierda. Son cuatro palabras por dibujo.

1.	
2.	
3.	
4.	
5.	

cuota de audiencia
banda ancha
tableta
emisora
decodificador
ejemplar
televidente
emitir
almacenar
sintonizar
fijo
dejar un mensaje
tirada
móvil
parabólica
ratón
diario
teclado
contestador automático
prensa

b. Con las palabras relacionadas, escribe una frase para cada objeto de la izquierda.

___

___

___

___

___

ISBN 978-3-12-513354-9.

II. Repasar

2. Pon orden (📖 pp. 186–205)

Aquí tienes diferentes palabras que pertenecen al mismo tema, pero están en desorden: ordénalas.

☐ semanal ☐ diario ☐ anual ☐ mensual	de más frecuente a menos frecuente
☐ teléfono ☐ radio ☐ ordenadores ☐ televisión	de más antiguo a más moderno
☐ videoteléfono ☐ móvil ☐ teléfono ☐ celular	de más antiguo a más moderno
☐ factura ☐ conección a Internet ☐ saldo ☐ contrato ☐ acceso	de primero a último
☐ diario local ☐ diario estatal ☐ diario regional	de pequeño a grande
☐ borrar ☐ redactar ☐ redactar ☐ despachar	de primero a último

3. Une las palabras (📖 pp. 186–191)

a. Une las palabras adecuadamente y tradúcelas al alemán. ¿Qué diferencia hay entre la formación de palabras en alemán y en español?

cadena		satelital	______
cuota		mediático	______
medios		especializado	______
grupo	de	económica	______
foro		ancha	______
prensa	–	comunicación	______
televisión		audiencia	______
diario		privada	______
banda		deportiva	______
prensa		debate	______

b. Después de hacer el ejercicio a. traduce estas palabras al español.

Volks**musik** ______ Dokumentar**film** ______

Radio**sender** ______ Privat**besitz** ______

Bildungs**sendung** ______

ISBN 978-3-12-513354-9.

4. El mundo de la informática (📖 pp. 194–197)

a. Encuentra las 11 palabras relacionadas con la informática.

R	E	O	C	F	L	R	E	C	Z	E	H	P	C	H
E	K	N	I	O	R	E	O	N	C	E	R	E	O	É
G	E	A	D	I	S	Q	U	E	T	E	E	I	M	R
R	R	U	L	E	E	C	A	U	O	A	H	V	P	I
A	T	R	B	U	G	T	D	C	T	G	N	C	U	T
B	C	I	B	E	R	L	I	B	R	O	I	T	T	É
A	B	C	X	O	A	U	S	D	E	V	N	M	A	C
D	A	U	P	K	B	R	Q	T	S	N	S	O	D	N
O	B	L	S	A	A	S	U	L	C	W	E	E	O	I
R	I	A	L	T	A	V	O	Z	Á	U	R	U	R	C
A	S	R	E	G	A	I	R	A	N	G	T	R	A	A
M	I	C	R	O	P	R	O	C	E	S	A	D	O	R
N	E	L	A	T	N	E	R	A	R	O	R	O	M	T
O	A	R	N	O	I	N	U	Q	D	S	L	B	Z	G
P	A	N	T	A	L	L	A	O	K	M	T	J	C	J

b. Completa el diálogo de abajo con las palabras encontradas en la parte a.

Vendedor: Buenos días, ¿le puedo ayudar?

Cliente: Sí, gracias. Busco una ____________________.

Vendedor: Bueno, ¿la quiere con un buen ____________________ con una ____________________ grande?

Cliente: ¡Con todo! La necesito porque solo tengo un ____________________ para leer y la verdad es que no entiendo nada de ____________________.

Vendedor: Dígame qué quiere hacer exactamente

Cliente: Escuchar música yo solo pero también con amigos, poder grabar CD…

Vendedor: Ah, entonces necesita un ____________________, un ____________________ y una ____________________…

Cliente: ¿Y para regrabar tengo que ____________________ un ____________________ especial?

Vendedor: Sí, así es. Tengo una oferta con todo lo que usted necesita y además con ____________________.

Cliente: ¿Para qué sirve un escáner ?

Vendedor: Ahora mismo le muestro. Le va a encantar.

ISBN 978-3-12-513354-9.

5. Los medios de comunicación en España y Cuba (📖 pp. 186–191)
Primero completa los huecos, después añade los artículos delante de las palabras.

1. rosedalrol ___

d									
	3	8							

2. nárafudla ___

f							
4							

3. nidiceó ___

e						
		5				

4. dre ___

r		
2		

5. fanvorimito ___

i										
										6

6. liteventede ___

t										
				16						

7. pacómiragron ___

p											
1			9					14			

8. nearolidova ___

r										
	10									

9. ñelsa ___

s				
				7

10. fiódusin ___

d							
			13				

11. atarid ___

t				
15				

12. entmeotireninent ___

e														
									11					

13. didorocicafed ___

d												
										12		

1	2	3	4	5	3	2	6

7	6	8

1	2	6	9	2	10	11	10	8

3	12	13	14	10	15	5	16	6	8

ISBN 978-3-12-513354-9.

6. Mediación: La informática (📖 pp. 186–191)

Tu intercambio español ha visto este anuncio en el supermercado. Todavía no sabe tanto alemán, así que te ruega explicarle los detalles. Explícale lo que dice el anuncio en español.

Verkaufe PC mit Drucker

Da ich Ende des Jahres ins Ausland gehe, verkaufe ich meinen PC. Der Rechner läuft einwandfrei. Habe ihn hauptsächlich zum Spielen genutzt:

- Jisutfu PC Rechner, mit Monitor, Tastatur und Maus,
- Tintenstrahldrucker und Scanner.
- Das Gerät verfügt über Diskettenlaufwerk, CD- Brenner
- Tastatur von JF Model No.: KIB-33,
- Maus von Jisutfu
- Lautsprecher und Kopfhörer sind auch dabei.

Ich bin selber Programmierer und kann gerne beim Anschließen helfen. Auf Anfrage verkaufe ich auch meine Schallplatten, Handy, eBook und Fernseher.
Alles funktioniert einwandfrei, wie auf den Bildern zu sehen ist.
55 € oder Preisangebot senden: mightyx@gmx.net

7. Comprensión auditiva: La red social y sus trampas (📖 pp. 202–205)

a. Antes de la primera audión: escribe todas las redes sociales que conoces y/o que usas.

b. Primera escucha: escucha el texto auditivo y completa a. si es necesario.

ISBN 978-3-12-513354-9.

c. Segunda escucha: relaciona las fechas, las cantidades y redes sociales.

	primer e-mail	
	GeoCities	
1994	facebook	
2005	LinkedIn	alcanza los 13 millones de usuarios
2003	Google	más de 800 millones de usuarios
1997	Twitter	más de 200 millones de usuarios
1971	blogging	70 millones de ordenadores conectados a la red
2005	MySpace	más o menos 62 millones de usuarios
2004	Messenger de AOL	
2000	Tuenti	
	La burbuja de Internet	
	Youtube	

d. Tercera escucha: marca la respuesta correcta.

1. Una red social es una estructura social formada por...
   - ❒ dos personas con algún tipo de relación o interés común.
   - ❒ dos o más personas conectadas y con intereses comunes.
   - ❒ dos o más personas que se conocen por Internet.
2. Tuenti...
   - ❒ es una red social europea para jóvenes.
   - ❒ es una red social española que se dirige a los jóvenes.
   - ❒ es una red social solo para jovenes españoles.
3. El problema de las redes sociales es que...
   - ❒ los jóvenes se pasan demasiado tiempo en la red.
   - ❒ que los padres no se ocupan de sus hijos.
   - ❒ que no hay privacidad.

e. Después de la escucha: completa las frases.

1. Hoy en día las redes sociales forman parte de ______________________________.
2. Las redes sociales son arma de doble filo porque ______________________________.
3. Aquí se presentan problemas porque los usuarios ______________________________.
4. Hoy se está tratando de controlar el cibercrimen a nivel europeo con ______________________________.
5. El cibercrimen es/son ______________________________.

f. Para reflexionar.

1. ¿Cuánta información pones en Facebook?
2. ¿Cuántas fotos has puesto de manera abierta al público?
3. ¿Qué puedes hacer para tener más privacidad?

ISBN 978-3-12-513354-9.

8. Completa los huecos (pp. 192–201)

Completa los huecos con la palabra o expresión correspondiente.

1. Con el ______ o ______ estamos siempre localizables. No estamos localizables cuando no queremos o no tenemos ______. Si no estamos localizables, las personas que nos llaman nos dejan un ______ de voz en el ______ y lo podemos escuchar cuando y cuantas veces queremos en el ______. pero claro, también nos pueden mandar un ______ escrito.
2. Antes mandábamos a nuestros amigos y conocidos cartas por ______ hoy escribimos ______ o simplemente ______ directamente en Internet.
3. Si queremos enviar la misma carta a todos los conocidos o amigos se hace una ______ y para no enviarla con errores utilzamos el ______.
4. El ______ permite hablar por teléfono mientras se conduce sin ______ de accidentes.
5. Hoy los interlocutores pueden hablar y verse por medio del ______.
6. Las empresas que dan servicio a los usuarios de telefonía móvil se llaman ______ o ______.
7. El mejor contrato para el ______ o la ______ es el de ______ porque tiene una ______.
8. Si uno quiere comprar algo, por ejemplo un eletrodoméstico, y no quiere salir de casa, puede hacerlo por una ______ y pagarlo con una ______
9. Por motivos de seguridad tanto la ______ como la computadora o el ______ y el celular o ______ tienen una ______.
10. Cuando se escribe algo en la computadora se puede ver en la ______ y si se quiere tener una copia de lo mismo en papel, se necesita una ______.
11. Ahora ya no tienes que llevar libros de papel, pues para eso existe el ______.

ISBN 978-3-12-513354-9.

9. Las palabras de la misma familia (📖 pp. 186–205)

Convierte los verbos en sustantivos y los sustantivos en verbos.

enfocar		censurar	
contener			el usuario, la usuaria
aparecer			el almacenamiento
mejorar		arriesgar	
buscar		acceder	
conectar		escanear	

III. Profundizar

10. ¿Conoces el otro significado? (📖 pp. 196–201)

a. *Las siguientes palabras tienen dos significados. Uno con el tema de los medios de comunicación y otro que existe desde siempre. Une la palabra y las dos fotos correspondientes. Después escribe una frase con los dos significados de la misma palabra .*

1
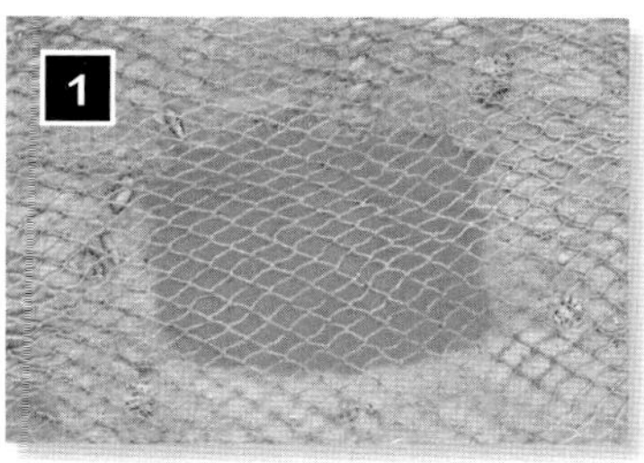

2

3

4

5

6
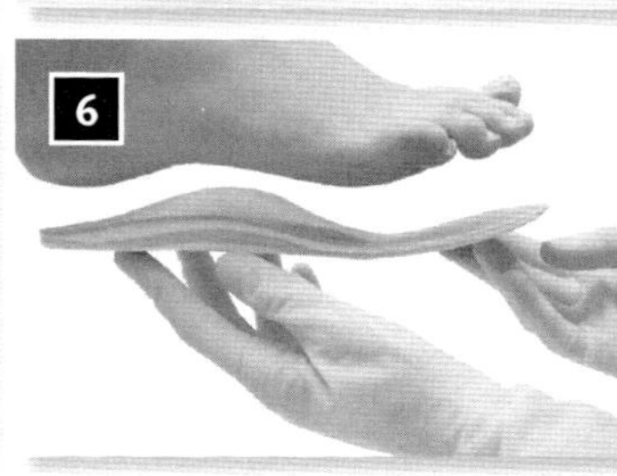

7

8

9
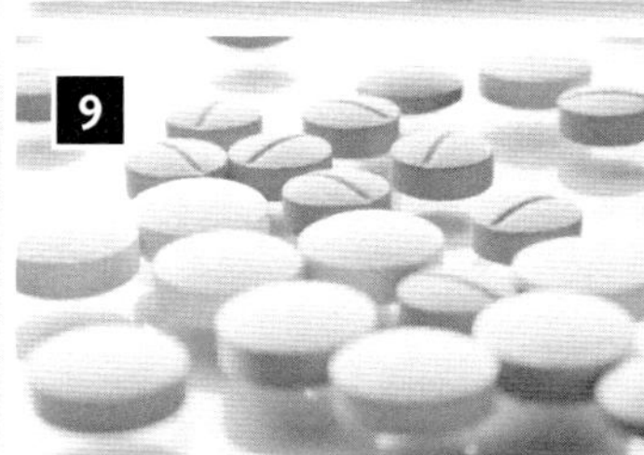

10

11

12

- ☐ equipo ☐
- ☐ tableta ☐
- ☐ ratón ☐
- ☐ lector ☐
- ☐ plantilla ☐
- ☐ red ☐

b. *Ahora escribe una frase con los dos significados de la misma palabra.*

El ratón es un animal pequeño, pero también se necesita para trabajar con el ordenador.

ISBN 978-3-12-513354-9.

I. Preparar

1. Cajón de sastre (📖 pp. 206–229)
Ordena los siguientes términos según el ámbito al que correspondan.

verso, película, rima, novelista, comedia, pintura, instrumento, dramaturgo, cuento, escenario, cartelera, relato, flamenco, trovador, cuadro, cantautor, exposición, villancico, pantalla, estrofa, rodaje, escultura, cuarteto, retrato, soneto, realizador, mural

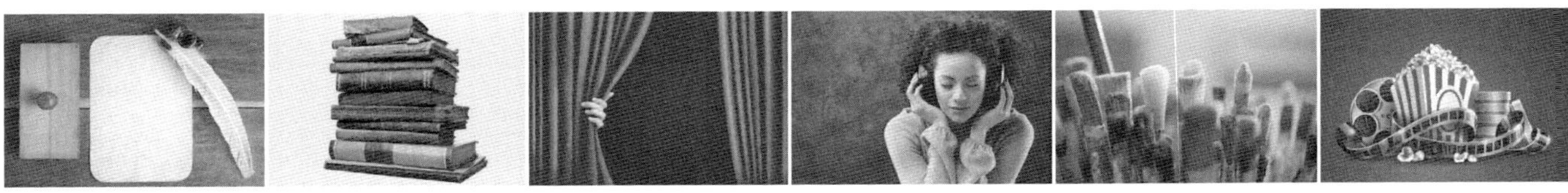

poesía	novela	teatro	música	bellas artes	cine

II. Repasar

2. ¿A qué llamamos literatura? (📖 pp. 206–215)
a. Completa la definición con las palabras que faltan y que te damos a continuación: géneros, escritor, escribir.

Literatura es el arte de ____________________, y las obras literarias el resultado del trabajo de un ____________________

La literatura distingue tres tipos de ____________________: poético–la poesía-, dramático–el teatro-, y narrativo–la prosa.

b. Completa los siguientes verbos asociados al arte de escribir. El resultado de la suma de las letras te da el nombre de uno de los tres géneros literarios.

tra ____(1) smitir

ide ____(2) r

relata ____(3)

ent ____(4) etener

recit ____(5) r

ac ____(6) uar

d ____(7) vertir

in ____(8) entar

c ____(9) ntar

Género ____________________

ISBN 978-3-12-513354-9.

3. ¿Es la literatura que se mueve o es el pensamiento que cambia? (📖 pp. 206–215)
Ordena los autores a los movimientos literarios a los que pertenecieron.

Manuel Rivas, Rubén Darío, Garcilaso de la Vega, Gabriel García Márquez, Carmen Laforet, Miguel de Cervantes, Pablo Neruda, Lope de Vega, Julio Cortázar, Calderón de la Barca, Ana María Matute, Góngora, Camilo José Cela, Quevedo, Mariano José de Larra, Juan Marsé, Leopoldo Alas "Clarín", Benito Pérez Galdós

Renacimiento	Barroco	Romanticismo	Realismo	Modernismo	Realismo mágico (Latinoamérica)	Realismo social (España)	Siglo XXI

4. En resumen, literatura (📖 pp. 206–215)
Escribe un sustantivo, un adjetivo y un verbo que caracterice a cada género.

poético	teatral	narrativo

5. Cada oveja con su pareja (📖 pp. 206–215)
Une los autores con su obra literaria. Dos de ellas son anónimas. Como ayuda, puedes buscar la obra en la red.

Miguel de Cervantes	Rabos de lagartija
Miguel Delibes	Lazarillo de Tormes
Ana María Matute	Corazón tan blanco
Benito Pérez Galdós	El ingenioso hidalgo don Quijote de la Mancha
Juan Marsé	Episodios nacionales
Leopoldo Alas "Clarín"	La Regenta
Javier Marías	Olvidado rey Gudú
Manuel Rivas	Mío Cid
	La lengua de las mariposas
	El hereje

ISBN 978-3-12-513354-9.

6. Buscando rimas (📖 pp. 206–229)

Escribe como mínimo tres palabras del capítulo que rimen con:

arquitectura, literatura, ____________________

modernismo, romanticismo, ____________________

escritor, productor, ____________________

cuarteto, terceto, ____________________

7. ¿Bailas? (📖 pp. 216–219)

a. *Cinco palabras se han puesto a bailar. Ordénalas para poder entenderlas.*

El baile es expresión de tostisenenmi ____________. Se trata de sensaciones en tomimoenvi ____________ que vienen inspiradas a través de la sicamú ____________.

Podemos bailar losos ____________ o podemos bailar ñadospacoma ____________.

b. *¿Qué bailes podemos bailar solos y cuáles acompañados? Ordena los siguientes bailes según se bailen.*

Hip hop, merengue, bachata, tecno, mambo, rap, tango

Solos: ____________________

Acompañados: ____________________

c. *¿Qué instrumentos asociamos a la cultura hispana y cuáles a la latinoamericana? Ordénalos en la tabla.*

instrumentos hispánicos	instrumentos hispanoamericanos

guitarra

castañuelas

zampoña

tambores africanos

bombos

panderetas

charango

d. *¿Qué bailes reconoces en las imágenes de la tabla?*

ISBN 978-3-12-513354-9.

8. Vamos de fiesta (📖 pp. 220–221)

a. Di a qué fiesta se asocian los siguientes términos, ¿a Semana Santa o a Navidad?

cofradía • paso • villancico • saeta • Nochebuena • procesión • pesebre • costalero • silencio • Virgen

Semana Santa: ______

Navidad: ______

b. ¿Y estos otros, a San Fermín o a una corrida?

Pamplona • torero • julio • carrera • plaza de toros • multitud • toros en la calle • ruedo

San Fermín: ______

Una corrida: ______

9. ¿Cómo te lo diría yo? (📖 pp. 206–229)

a. Da el adjetivo correspondiente para cada obra.

literatura	Obra	Renacimiento	Obra
pintura	Obra	Barroco	Obra
poesía	Obra	Romanticismo	Obra
drama	Obra	Realismo	Obra
narración	Obra	Modernismo	Obra
Edad Media	Obra	cine	Obra

b. Define la tarea que ejecutan las personas añadiendo el verbo conjugado correspondiente.

lector	Es la persona que
escritor	Es la persona que
escultor	Es la persona que
pintor	Es la persona que
arquitecto	Es la persona que
director	Es la persona que
actor	Es la persona que
productor	Es la persona que
cantaor	Es la persona que
torero	Es la persona que
bailarín	Es la persona que
bailaor	Es la persona que
observador	Es la persona que

ISBN 978-3-12-513354-9.

10. Comprensión auditiva. Cine. Tendencias actuales (📖 pp. 222–227, Online-Code 6gq225)

a. Primera escucha: marca si la frase es correcta (C) o falsa (F).

	C	F
1. Buñuel fue un director de películas costumbristas.	☐	☐
2. El cine español había sufrido la censura hasta 1975.	☐	☐
3. Almodóvar ganó un Óscar por *Mujeres al borde de un ataque de nervios.*	☐	☐
4. Cinco películas españolas han ganado un Óscar.	☐	☐
5. La Concha de Oro es el premio del festival de cine de San Sebastián.	☐	☐
6. Las películas de ciencia-ficción han dejado de ser las más taquilleras.	☐	☐
7. La sesión golfa es la de las 00:00h.	☐	☐

b. Segunda escucha: marca la respuesta correcta.

1. Carlos Saura, Fernando Trueba y Alejandro Amenábar son…
   - ☐ productores de cine.
   - ☐ actores de cine.
   - ☐ directores de cine.

2. Javier Bardem, Luis Tosar y Elena Anaya son…
   - ☐ productores de cine.
   - ☐ actores de cine.
   - ☐ directores de cine.

3. Almodóvar ha ganado dos Óscars por…
   - ☐ *Todo sobre mi madre y Hable con ella.*
   - ☐ *Todo sobre mi madre y Mar Adentro.*
   - ☐ *Hable con ella y Mar adentro.*

4. Las carteleras de cine informan además de la actualidad del cine…
   - ☐ de las sesiones y precios.
   - ☐ de las sesiones y edades recomendadas.
   - ☐ de las sesiones y premios.

c. Continúa las frases siguientes con ayuda del texto sobre Tendencias actuales:

1. El cine español se ha ido desarrollando de manera ____________________ y ____________________.

2. Actores como Antonio Banderas y Penélope Cruz defienden el ____________________.

3. Durante la década de los ochenta, Pedro Almodóvar se hizo famoso internacionalmente con

   ____.

4. Otros realizadores como Juanma Bajo Ulloa, Julio Medem, Álex de la Iglesia e Icíar Bollaín tratan en sus películas

   temas que ____.

d. Escucha el audio por tercera vez si no has conseguido terminar todas las frases del ejercicio c.

ISBN 978-3-12-513354-9.

11. ¡Acción! (📖 pp. 224–225)

Ordena los pasos que llevan a realizar una película.

- ❒ Las escenas grabadas se montan.
- ❒ El productor estudia la financiación del proyecto y el guion.
- ❒ Los participantes en el rodaje de una película aparecen en la pantalla al final de la proyección.
- ❒ Se decide a hacer un largometraje o cortometraje.
- ❒ Se ruedan los diferentes planos a las órdenes del director.
- ❒ Reparto de papeles entre los actores principales y secundarios y elección de los escenarios.

12. La pintura no entiende de idiomas (📖 pp. 226–227)

Traduce las palabras en cursiva que nos hemos olvidado traducir.

La pintura es *die Kunst sich durch Striche und Farben auszudrücken.* El pintor *spielt mit der Macht der Farbe, des Lichts und der Schatten. Nach seiner Inspirationsquelle,* el artista *malt ein Bild; das Resultat ist ein Porträt oder eine Landschaft, ein Stillleben oder ein abstraktes Motiv.* El pintor se expresa *durch Tuschfeder, Kohlestift oder Pinsel, und durch verschiedene Techniken wie Ölmalerei,* acuarela, guache o pastel.

13. Bellas Artes. Arquitectura (📖 pp. 226–229, Online-Code 6gq225)

a. *Primera escucha: marca si la frase es correcta (C) o falsa (F).*

	C	F
1. Gaudí diseñó en a su vida únicamente la Sagrada Familia.	☐	☐
2. Gaudí murió ante la Sagrada Familia.	☐	☐
3. En la Península Ibérica se encuentran también obras arquitectónicas árabes y judías.	☐	☐
4. Las vidrieras de las catedrales góticas miden menos de 12 metros.	☐	☐
5. Las Líneas de Nazca se considera una de las maravillas del mundo.	☐	☐

b. *Segunda escucha: marca la respuesta correcta.*

1. Antonio Gaudí es autor …
   - ❒ de la Sagrada Familia y Parque Güell.
   - ❒ de la Sagrada Familia, Parque Güell y casa Milà.
   - ❒ de la Sagrada familia y casa Milà.

2. La Sagrada Familia es…
   - ❒ una iglesia modernista.
   - ❒ un teatro barcelonés.
   - ❒ un centro cultural internacional.

3. Las iglesias góticas de … poseen vidrieras de más de 12 metros de altura.
   - ❒ Mallorca, Madrid y Burgos
   - ❒ Barcelona, Madrid y Burgos
   - ❒ Mallorca, León o Burgos

4. Herencia de la … son las obras de enorme valor arqueológico, como las pirámides incas, los templos mayas o las famosas Líneas de Nazca.
   - ❒ cultura hispana
   - ❒ cultura precolombina
   - ❒ cultura colombiana

Klett

ISBN 978-3-12-513354-9.

c. *Tercera escucha: termina las frases siguientes.*

1. La Sagrada Familia sigue ante nuestros ______________________.
2. Llamamos arquitectura al arte de ______________________.
3. A romanos, árabes, judíos e hispanos les debemos ______________________.
4. Las pirámides incas, los templos mayas o las líneas de Nazca en Perú, son hoy

______________________.

d. *Escucha el audio otra vez si no has conseguido terminar todas las frases del ejercicio c.*

14. No nos hemos olvidado del teatro (📖 p. 216–217)
Busca la definición correspondiente a las siguientes palabras.

género dramático • repertorio • festival • espectador • representación • escenario • compañía • teatro

1. ______________	Edificio o sitio destinado a la representación de obras dramáticas o a otros espectáculos públicos propios de la escena.
2. ______________	Conjunto de obras teatrales o musicales que una compañía, orquesta o intérprete tienen preparadas para su posible representación o ejecución.
3. ______________	Parte del teatro construida y dispuesta convenientemente para que en ella se puedan colocar las decoraciones y representar las obras dramáticas o cualquier otro espectáculo teatral.
4. ______________	Que asiste a un espectáculo público.
5. ______________	Género literario al que pertenecen las obras destinadas a la representación escénica, cuyo argumento se desarrolla de modo exclusivo mediante la acción y el lenguaje directo de los personajes, por lo común dialogado.
6. ______________	Cuerpo de actores o bailarines formado para representar en un teatro.
7. ______________	Obra dramática.
8. ______________	Conjunto de representaciones dedicadas a un artista o a un arte.

ISBN 978-3-12-513354-9.

III. Profundizar

15. Vena poética

Acaba el poema de Antonio Machado y comprueba tu vena poética. Ten en cuenta la rima.

La plaza tiene una torre
La plaza tiene una torre,
la torre tiene un balcón,
el balcón tiene una dama,
la dama una blanca flor.

Ha pasado un caballero
-¡quién sabe por qué ______________!
y se ha llevado la plaza,
con su torre y su ______________,
con su balcón y su dama
su dama y su ______________.

16. Cóctel poético

Vaya lío. Han aparecido en los siguientes poemas de Pablo Neruda y Rubén Darío algunas palabras alteradas entre los poemas. Coloca las palabras en su sitio.

Amo, amas
Amar, amar, amar, amar siempre, con todo
el ser y con la tierra y con <u>las cosas</u>,
con lo claro del sol y lo oscuro del lodo;
Amar por toda ciencia y amar por todo anhelo.

Y cuando <u>lejos</u>
nos sea dura y larga y alta y llena de abismos,
amar <u>mi alma</u> que es de amor encendida
¡Y arder en la fusión de nuestros <u>ojos</u> mismos!

Rubén Darío

Poema 15
Me gustas cuando callas porque estás como ausente,
y me oyes desde <u>el cielo</u>, y mi voz no te toca.
Parece que los <u>pechos</u> se te hubieran volado
y parece que un beso te cerrara la boca.

Como todas las cosas están llenas de la <u>inmensidad</u>
emerges de <u>la montaña de la vida</u>, llena del alma mía.
Mariposa de sueño, te pareces a mi alma,
y te pareces a la palabra melancolía; ...

Pablo Neruda

17. Picasso. El Guernica

Este es uno de los cuadros más famosos de Picasso y del arte español. ¿Qué crees que representa? ¿Qué reconoces en él?

Encuentras información al respecto en la página del Museo de Arte Reina Sofía: *http://www.museoreinasofia.es/colección/obra/Guernica*

Representa ______________________________

____

Reconozco ______________________________

____

ISBN 978-3-12-513354-9.

I. Preparar

1. Sistema educativo en España (📖 pp. 230–233)

Marca las palabras según corresponda: Educación Infantil (I), Educación Primaria (P), Educación Secundaria (S), Educación Universitaria (U).

	de los 6 a los 12 años		a distancia o nocturnas
	ESO o FP		de 16 a 18 años
	Lengua Extranjera		hasta los 6 años
	Bachillerato		materias troncales
	los números		técnicas para leer y escribir
	Historia y Geografía		Licenciatura

2. El sistema educativo en Latinoamérica (📖 pp. 234–237)

Marca las palabras según corresponda: ¿Qué es una ventaja (V) y qué una desventaja (D) en este caso?

	clase alta		zona urbana
	zona rural		progresar
	maternindad a temprana edad		Formación Profesional
	educación básica obligatoria		desempeñar tareas domésticas

II. Repasar

3. Descubre las palabras (📖 pp. 230–237)

¿Qué palabras se esconden dentro de las siguientes palabras y qué significan?

palabras	¿Qué se esconde ?	en alemán
el profesorado		
escolar		
finalizar		
provenir		
el desuso		

ISBN 978-3-12-513354-9.

4. Pon orden (📖 pp. 230–237)

Pon las siguientes palabras en el orden correcto de primero a último.

Licenciatura – Doctorado – la titulación intermedia	
la Educación Secundaria – Bachillerato – la Educación Primaria	
obtener título – matricularse – aprobar	

5. ¿Qué significa? (📖 pp. 230–237)

CC.AA.   ESO   PGB   LOE   PAU

6. Lo reconoces (📖 pp. 230–235)

a. *Lee las frases y subraya el verbo en imperativo.*

ISBN 978-3-12-513354-9.

b. Mira el ejercicio a y escribe el infinitivo del verbo y cómo se cambia la conjugación del verbo.

El infinitivo de ______________________ es ________________. La(s) letra(s)____ cambia(n) por ____.

El infinitivo de ______________________ es ________________. La(s) letra(s)____ cambia(n) por ____.

El infinitivo de ______________________ es ________________. La(s) letra(s)____ cambia(n) por ____.

El infinitivo de ______________________ es ________________. La(s) letra(s)____ cambia(n) por ____.

El infinitivo de ______________________ es ________________. La(s) letra(s)____ cambia(n) por ____.

El infinitivo de ______________________ es ________________. La(s) letra(s)____ cambia(n) por ____.

El infinitivo de ______________________ es ________________. La(s) letra(s)____ cambia(n) por ____.

El infinitivo de ______________________ es ________________. La(s) letra(s)____ cambia(n) por ____.

c. ¿Quién habla en a? ____________________________ *habla con Jiménez.*

7. Cambia las palabras (📖 pp. 230–235)
Cambia las palabras en negrita por otra. Reescribe la frase.

1. Uno de **los rasgos** más importantes es la gratuidad del segundo ciclo.

____

2. Después de haber **finalizado** se puede continuar con el Bachillerato.

____

3. El Bachillerato **se extiende por** un periodo de dos años.

____

4. Estas universidades **establecen** ellas mismas su oferta académica.

____

5. Los adultos tienen la posibilidad de **recuperar** lo nunca aprendido.

____

6. Muchos alumnos no **asisten** regularmente a clases.

____

7. Las mujeres están en desventaja por la **maternidad a temprana edad**.

____

8. La pobreza de las familias es un factor de **suprema** importancia.

____

ISBN 978-3-12-513354-9.

8. Palabras mágicas (📖 pp. 230–237)

Las siguientes palabras esconden dentro de ellas por lo menos cinco otras palabras que conoces. Búscalas, encuéntralas y escríbelas.

ejemplo:

curricular
cura
curar
circular
rica
rural

gratuidad	extenderse	licenciatura	gitano

9. Sinónimos (📖 pp. 230–235)

Busca los sinónimos de las siguientes palabras y escribe una frase con cada uno.

joven ______________________ : ____

enseñar ______________________ : ____

aumentar ______________________ : ____

terminar ______________________ : ____

la Prueba General de Bachillerato ______________________ : ______________________________

____

venir de ______________________ : ____

ISBN 978-3-12-513354-9.

10. Crucigrama (📖 pp. 230–237)

Escribe en el crucigrama la palabra para cada definición.

1. Persona en masculino que, por motivos políticos, encuentra protección oficial, en otro país.
2. Conjunto de estudios para poder ejercitar una profesión.
3. Característica o propiedad de una persona o una cosa.
4. Cada uno de los bloques de clases en que está divido un plan de estudios.
5. Avanzar, mejorar, volverse mejor en algo.
6. Volver a tener lo que antes se tenía.
7. Forma en la cual se hace algo de manera positiva.
8. Se dice de las personas de un pueblo de la India, que hoy viven en varios países en nomadismo.
9. Que dura mucho y que se mantiene mucho tiempo en el mismo estado.
10. Ley de un Estado que define los derechos y libertades de los ciudadanos y los poderes e instituciones de la organización política.

11. Une con una línea lo que va junto (📖 pp. 230–237)

a. Escribe el artículo de las palabras de la izquierda y únelas con las de la derecha completando el género y el número para que tengan sentido. Después, escribe las expresiones a la derecha.

sistema	público	→	
Iniciación	Social	→	
Lengua	Primari	→	
Ley	educativ	→	
Formación	Orgánic de Educación	→	
año	especializad	→	
servicio	matemátic básic	→	
materia	a distanci	→	
universidad	alt	→	
operaciones	Extranjer	→	
clase	troncal	→	
Educación	Profesional	→	
profesorado	académic	→	
Ciencias	Profesional	→	

ISBN 978-3-12-513354-9.

b. Complete las frases con algunas de las palabras de a. Cuidado: a veces hay que poner la forma del plural.

1. La educación que no es pagada es del ______________________________.
2. El idioma que se aprende después de la lengua materna es la ______________________________.
3. En la escuela y universidad hay materias obligatorias que se llaman ______________________________.
4. Si no hay una universidad cerca, puedes estudiar en una ______________________________.
5. El sistema educativo lo regula ______________________________.
6. La materia que estudia cosas como la historia, la filosofía, etc., se llama ______________________________.
7. Las reglas para sumar, restar, dividir o multiplicar son las ______________________________.
8. En algunos países el ______________________________ no es para todos igual, y solo los de ______________________________ pueden ir a la universidad. No todos tienen derecho a la Educación Primaria.
9. El ______________________________ en muchos países comienza en septiembre y termina en Julio.
10. Después de la ESO se puede seguir con el Bachillerato o con la ______________________________.

11. Mediación: El sistema escolar en Alemania (📖 pp. 230–237)
Tú eres español/-a. Tu familia se va a vivir a Alemania porque tu padre encontró ahí trabajo. Como tú estás en el colegio alemán sabes un poco de alemán y la ayudas a tu madre a buscar escuela para ti y para tus dos hermanos: uno de 7 y otro de 5. Resúmele la información de la información siguiente. ¿Qué le recomendarías?

Das Schulsystem in Deutschland

In Deutschland müssen alle Kinder zur Schule gehen, es besteht Schulpflicht. Die Einschulung findet statt, wenn die Kinder sechs Jahre alt sind. Der Schulbesuch ist kostenlos.

Grundschule: Die Grundschule umfasst die ersten vier Schuljahre. Dort werden die Kinder auf den Besuch weiterführender Schulen vorbereitet. Der Lehrplan bietet in der Regel Deutsch, Mathematik, Sachunterricht, Kunst, Musik, Sport und Fremdsprachenunterricht. Meistens werden alle Fächer außer Kunst und Musik von derselben Lehrerkraft erteilt. Wenn die Kinder die Grundschule bestanden haben, entscheiden – je nach Bundesland – die Eltern oder die Noten, ob die Kinder die Hauptschule, die Realschule oder ein Gymnasium besuchen dürfen.

Hauptschule: Die fünf Jahre der Hauptschule bereiten die Schüler, die später eine Lehre machen wollen, auf den Berufseinstieg vor.

Realschule: Das Abschlusszeugnis der Realschulen berechtigt zum Besuch der Fachoberschule oder zum Übergang auf ein Gymnasium.

Gymnasium: Das Gymnasium erstreckt sich über acht Jahre und endet mit der Abschlussprüfung, dem Abitur. Die erfolgreichen Gymnasiasten können sich dann an einer Universität einschreiben. Viele Studiengänge benötigen ein gutes oder sehr gutes Abitur. Die Wahl des Studiengangs hängt daher oft von der Note des Abiturs ab. Das Studium schließt man mit einem akademischen Grad ab.

ISBN 978-3-12-513354-9.

13. Comprensión Auditiva: La educación universitaria (📖 p. 232, Online-Code 8nc2at)

a. Antes de la primera escucha: lee las palabras y subraya las que crees que tienen relación con el tema universitario.

de los 6 a los 12 años		carrera		postgrado	
ESO o FP		escolarización		gitano	
Lengua Extranjera		Licenciatura		curricular	
Bachillerato		reválida		Diplomado	

b. Primera escucha: Marca con una cruz en a. las palabras que escuches.

c. Segunda escucha: relaciona las dos siguientes columnas.

a. Todas las universidades tienen	1) materias troncales
b. PAU	2) les ayuda a subir la nota a los estudiantes
c. Medicina es de	3) universidades públicas
d. 27	4) 2 años
e. Arquitectura técnica es de	5) 4 a 6 años
f. 50	6) no son obligatorias
g. Las materias de libre elección	7) 3 años
h. El título de doctorado es de	8) universidades privadas

d. Tercera escucha: marca la/s respuesta/s correcta/s

1. Si quieres estudiar en España
   - ❒ solo necesitas dinero.
   - ❒ no puedes trabajar y estudiar.
   - ❒ lo puedes hacer de día o de noche y puedes pagar o no.

2. Con la Prueba de Acceso a la Universidad
   - ❒ es posible entrar a cualquier universidad.
   - ❒ es posible entrar en la carrera deseada.
   - ❒ es posible mejorar la nota.

3. En España
   - ❒ hay diferentes tipos de universidades.
   - ❒ solo hay universidades nocturnas.
   - ❒ hay universidades católicas.

e. Después de las escuchas: termina las siguientes frases.

1. Los que trabajan pueden estudiar en las universidades ______________________ o ______________________.

2. Todas las universidades ofrecen una cantidad determinada de ______________________ ______________________.

3. Después de haber terminado la carrera se puede hacer un ______________________ o un ______________________.

ISBN 978-3-12-513354-9.

14. ¿Qué va con qué? (📖 p. 230–235)

a. Busca las partes que pertenecen a cada expresión.

encargarse | extenderse | por | algo | con | algo | alguien | contar | en | algo | algo | escoger | algo | tender | a | algo | matricularse | de

b. Busca la expresión correspondiente en a. y completa la frase.

España ________________ un sistema educativo bastante completo.

En algunas Comunidades Autónomas ________________ haber más analfabetismo que en otras.

Muchos ________________ la universidad pero no todos logran obtener un título.

Es difícil ________________ la carrera correcta desde un principio.

Hay carreras que ________________ un periodo de hasta 6 años.

Algunas personas ________________ los asilados y los ayudan en todos los trámites.

III. Profundizar

15. ¿Estudiar o vivir?

b. Ahora que has aprendido tanto sobre el sistema educativo en España, ¿dónde ves las semejanzas y las diferencias entre el sistema alemán y el español? ¿En qué país te apetecería más ir a la escuela? Y, en general, ¿qué harías para lograr tus objetivos profesionales? ¿Estudiarías todo el día o piensas que el tiempo libre es más importante?

ISBN 978-3-12-513354-9.

Bildquellenverzeichnis

7 Shutterstock (uranus), New York; **8.1** Shutterstock (nomadFra), New York; **8.2** Shutterstock (sellingpix), New York; **8.3** Shutterstock (Andrew Zarivny), New York; **8.4** Shutterstock (biletskiy), New York; **8.5** Shutterstock (st.djura), New York; **8.7** Shutterstock (Mushakesa), New York; **8.8** Shutterstock (Lukasz Janyst), New York; **8.8** Shutterstock (jvinasd), New York; **8.9** Shutterstock (Wolfgang Zwanzger), New York; **8.10** Shutterstock (Paul Stringer), New York; **8.11** Shutterstock (Valua Vitaly), New York; **8.12** Shutterstock (Kiwisoul), New York; **8.13** Shutterstock (Enrique Ramos), New York; 8.14 Shutterstock (straga), New York; **9** Shutterstock (Paul Stringer), New York; **11** Shutterstock (astudio), New York; **12** Shutterstock (JOSE RAMIRO LAGUNA), New York; **13** Shutterstock (Eduardo Rivero), New York; **16** iStockphoto (maiteali), Calgary, Alberta; **18** Shutterstock (Dacian G), New York; **19** iStockphoto (Kositlimsiri), Calgary, Alberta; **21** Thinkstock (Kseniya Ragozina), München; **22** Wikimedia Commons (Hemeroteca Nacional), San Francisco; **23** Shutterstock (Neftali), New York; **24** Shutterstock (Everett Historical), New York; **28** Wikimedia Commons (Das Bundesarchiv), San Francisco; **30** Shutterstock (mghstars), New York; **33** Shutterstock (Boris15), New York; **38** Thinkstock (AlexanderZam), München; **42** Shutterstock (David Acosta Allely), New York; **43** Shutterstock (cheda), New York; **46** Default-Eintrag , Defaultsitz; **49** Shutterstock (InnaFelker), New York; **50** Shutterstock (Olga Iutina), New York; **51** Shutterstock (maxriesgo), New York; **52** Shutterstock (Peter Scholz), New York; **54** Thinkstock (firstpentuer), München; **63** Shutterstock (Natursports), New York; **64** Shutterstock (Andrey_Popov), New York; **67.1** Shutterstock (Breadmaker), New York; **67.2** Shutterstock (Casper1774 Studio), New York; **67.3** Shutterstock (Michaelpuche), New York; **67.4** Shutterstock (Refat), New York; **67.5** Shutterstock (dedek), New York; **67.6** Shutterstock (nicolemoraira), New York; **67.7** Shutterstock (Lonely Walker), New York; **67.8** Shutterstock (Noraluca013), New York; **67.9** Shutterstock (ziggysofi), New York; **68** Shutterstock (Kiko Jimenez), New York; **71** Shutterstock (bikeriderlondon), New York; **72.1** Shutterstock (atikinka), New York; **72.2** Shutterstock (Andy Dean Photography), New York; **72.3** Shutterstock (MANDY GODBEHEAR), New York; **72.4** Shutterstock (wavebreakmedia), New York; **72.5** Shutterstock (Silvia B. Jakiello), New York; **72.6** Shutterstock (Kiev.Victor), New York; **75.1** Shutterstock (DWaschnig), New York; **75.2** Shutterstock (Alexander Raths), New York; **75.3** Shutterstock (maxriesgo), New York; **75.4** Shutterstock (luckyraccoon), New York; **77.1** Shutterstock (Fotoluminate LLC), New York; **77.2** Shutterstock (oliveromg), New York; **77.3** Shutterstock (Blend Images), New York; **80** Shutterstock (TastyVector), New York; **81** Shutterstock (Dream Master), New York; **83** Thinkstock (Daniel Kaesler), München; **87.1** Shutterstock (arbit), New York; **87.2** Shutterstock (Danilo Sanino), New York; **88.1** Shutterstock (baldovina), New York; **88.2** Shutterstock (Skylines), New York; **88.3** Shutterstock (BrAt82), New York; **88.4** Shutterstock (Bob Mawby), New York; **88.5** Shutterstock (Nenov Brothers Images), New York; **92** Shutterstock (Telnov Oleksii), New York; **95.1** Thinkstock (laurha), München; **95.2** Thinkstock (Jupiterimages), München; **95.3** Thinkstock (Thomas Northcut), München; **95.4** Shutterstock (atribut), New York; **95.5** Shutterstock (CreativeNature R.Zwerver), New York; **95.6** Shutterstock (Bork), New York; **95.7** Shutterstock (sattahipbeach), New York; **95.8** Shutterstock (Kostenko Maxim), New York; **95.9** Thinkstock (sprng23), München; **95.10** Thinkstock (Fuse), München; **95.11** Thinkstock (Wavebreakmedia Ltd), München; **95.12** Thinkstock (lmv_photo), München; **96.1** Thinkstock (BrAt_PiKaChU), München; **96.2** Thinkstock (gemenacom), München; **96.3** Thinkstock (almoond), München; **96.4** Thinkstock (stokkete), München; **96.5** Thinkstock (Jupiterimages), München; **96.6** Thinkstock (LoopAll), München; **97.1** Thinkstock (subarashii21), München; **97.2** Thinkstock (styf22), München; **97.3** Thinkstock (Martin Vonka), München; **98.1** Shutterstock (criben), New York; **98.2** Shutterstock (Natalia Sheinkin), New York; **101** Thinkstock (Jarin13), München; **103** Shutterstock (catwalker), New York; **104** Shutterstock (Dacian G), New York; **105** Shutterstock (Minerva Studio), New York; **109** Thinkstock (VLADGRIN), München; **111.1** Thinkstock (Ridofranz), München; **111.2** Thinkstock (ViewApart), München; **Kap05** Lösg Shutterstock (Rainer Lesniewski), New York; **Kap07** Lösg Wikimedia Commons (Jonatan argento), San Francisco